TITRE PROFESSIONNEL

COMPTABLE ASSISTANT

Le livre de révision complet

500 questions-réponses · fiches de révision

NEO STRATEGIE

Édition : BoD · Books on Demand, 31 avenue Saint-Rémy, 57600 Forbach, bod@bod.fr
Impression : Libri Plureos GmbH, Friedensallee 273, 22763 Hambourg (Allemagne)

ISBN: 978-2-3228-3673-4

Dépôt légal : Juillet 2026

Avant-propos

Ce livre a été conçu pour un objectif unique : vous permettre de réviser l'intégralité du titre professionnel de comptable assistant de manière structurée, rapide et efficace, jusqu'au jour de l'épreuve.

Il s'organise en deux parties complémentaires. La première réunit quarante-six fiches de révision qui reprennent, de façon dense et hiérarchisée, l'ensemble des connaissances techniques exigées par le référentiel : cadre comptable, cycle clients, cycle fournisseurs, trésorerie, taxe sur la valeur ajoutée, paie, tableaux de bord, travaux d'inventaire, immobilisations, stocks, provisions, emprunts et états financiers. Chaque fiche peut être lue isolément, ce qui autorise une révision par thème comme une révision linéaire.

La seconde partie propose cinq cent questions-réponses classées selon les trois blocs de compétences du référentiel officiel. Chaque réponse est rédigée en quatre à cinq lignes : suffisamment développée pour être comprise et mémorisée, suffisamment concise pour être révisée plusieurs fois. Cette forme interrogative reproduit la logique de l'entretien technique et vous entraîne à formuler une réponse claire et argumentée en un temps limité.

Le contenu a été établi à partir de l'arrêté du 28 septembre 2022 relatif au titre professionnel de comptable assistant, publié au Journal officiel du 13 octobre 2022, et de la fiche RNCP37121. Il intègre l'état de la réglementation comptable, fiscale et sociale la plus récente : Plan comptable général issu du règlement ANC n° 2014-03, réforme de la facturation électronique prévue par l'article 26 de la loi de finances pour 2024, autoliquidation de la TVA à l'importation, exigibilité de la TVA sur les acomptes de livraisons de biens, déclaration sociale nominative et montant net social sur le bulletin de paie.

Une recommandation, enfin. Les taux, seuils et plafonds sociaux et fiscaux évoluent chaque année. Ce livre vous en donne la logique, les mécanismes et les ordres de grandeur ; il vous appartient de vérifier les valeurs de l'année en cours sur les sites officiels et de constituer votre propre fiche de repères actualisée. Cette veille fait partie intégrante des compétences évaluées.

Bon travail, et bonne réussite.

Sommaire

Présentation du titre professionnel

Le titre professionnel de comptable assistant est une certification délivrée par le ministère chargé de l'emploi. Il atteste que son titulaire maîtrise les compétences nécessaires pour tenir la comptabilité courante d'une entreprise, préparer les déclarations périodiques et participer aux travaux de fin d'exercice, sous la responsabilité d'un supérieur hiérarchique.

Références réglementaires

- Arrêté du 28 septembre 2022 relatif au titre professionnel de comptable assistant, publié au Journal officiel du 13 octobre 2022.
- Fiche RNCP37121, niveau 4 du cadre national des certifications, code NSF 314t, code ROME M1203.
- Décret n° 2016-954 du 11 juillet 2016 relatif au titre professionnel délivré par le ministre chargé de l'emploi.
- Arrêté du 22 décembre 2015 modifié relatif aux conditions de délivrance du titre professionnel.
- Ordonnance n° 45-2138 du 19 septembre 1945, article 20 : la tenue de comptabilité en profession indépendante est réservée aux experts-comptables.

Les trois blocs de compétences

Le référentiel articule l'emploi autour de trois activités types, correspondant chacune à un bloc de compétences pouvant être validé séparément sous forme de certificat de compétences professionnelles.

Bloc	Intitulé	Compétences principales
BC01	Assurer les opérations comptables au quotidien	Clients, fournisseurs, opérations de trésorerie
BC02	Préparer les opérations comptables périodiques	TVA, variables et paramètres de paie, tableaux de bord

Bloc	Intitulé	Compétences principales
BC03	Participer aux opérations comptables de fin d'exercice	Immobilisations et VMP, stocks, créances et dettes, emprunts et résultat

Les modalités d'évaluation

Épreuve	Titre complet	CCP 1	CCP 2	CCP 3
Mise en situation professionnelle	4 h 00	2 h 00	1 h 30	1 h 30
Entretien technique	0 h 20	0 h 15	0 h 15	0 h 15
Entretien final	0 h 20	—	—	—
Durée totale	4 h 40	2 h 15	1 h 45	1 h 45

Pendant la mise en situation professionnelle, le candidat dispose d'une documentation professionnelle sous forme papier, numérique ou accessible par Internet, ainsi que de la possibilité d'imprimer son travail. L'épreuve peut être proposée sous format papier ou numérique selon l'organisation du centre agréé.

> *Le jury peut attribuer le titre dans son intégralité, ou un ou plusieurs certificats de compétences professionnelles en cas de maîtrise partielle. Les CCP obtenus restent définitivement acquis.*

Comment utiliser ce livre

- Première lecture : parcourez les quarante-six fiches dans l'ordre pour reconstruire une vision d'ensemble du programme.
- Deuxième temps : traitez les questions-réponses bloc par bloc, en masquant la réponse et en formulant la vôtre à voix haute avant de vérifier.
- Troisième temps : revenez uniquement sur les questions manquées, puis relisez la fiche correspondante.

- Dernière semaine : concentrez-vous sur les fiches 43 à 46, qui traitent des repères à actualiser, de l'organisation de l'épreuve et de la méthodologie.

Première partie — Les 46 fiches de révision essentielles

Les fiches qui suivent couvrent l'intégralité des connaissances techniques mobilisées par les trois blocs de compétences. Elles sont rédigées de manière dense et hiérarchisée pour permettre une relecture rapide. Les encadrés signalent les points les plus souvent sanctionnés en épreuve.

Fiche 1 — Le cadre normatif de la comptabilité française

La comptabilité financière française est régie par le Code de commerce (articles L. 123-12 à L. 123-28 et R. 123-172 et suivants) et par le Plan comptable général (PCG), aujourd'hui codifié dans le règlement ANC n° 2014-03 de l'Autorité des normes comptables, régulièrement modifié. Toute personne physique ou morale ayant la qualité de commerçant doit enregistrer chronologiquement les mouvements affectant le patrimoine de l'entreprise, contrôler au moins une fois tous les douze mois l'existence et la valeur des éléments d'actif et de passif par un inventaire, et établir des comptes annuels à la clôture de l'exercice.

Les comptes annuels

Les comptes annuels forment un tout indissociable : le bilan (situation patrimoniale à la clôture), le compte de résultat (charges et produits de l'exercice) et l'annexe (informations complétant et commentant les deux premiers états). Ils doivent être réguliers, sincères et donner une image fidèle du patrimoine, de la situation financière et du résultat de l'entreprise.

Les principes comptables fondamentaux

- Continuité d'exploitation : l'entreprise est présumée poursuivre son activité.
- Indépendance des exercices (spécialisation) : rattachement des charges et produits à l'exercice qui les concerne.
- Coût historique (nominalisme) : les biens sont enregistrés à leur valeur d'entrée exprimée en unités monétaires courantes.

- Prudence : les pertes probables sont comptabilisées, les gains latents ne le sont pas.
- Permanence des méthodes : les méthodes d'évaluation et de présentation restent identiques d'un exercice à l'autre.
- Non-compensation : aucune compensation entre postes d'actif et de passif, ni entre charges et produits.
- Intangibilité du bilan d'ouverture : le bilan d'ouverture est identique au bilan de clôture précédent.
- Importance relative : l'information significative ne doit pas être noyée dans le détail.

Obligations de conservation

Les livres comptables obligatoires sont le livre-journal, le grand-livre et le livre d'inventaire (ce dernier n'est plus obligatoire pour les exercices ouverts depuis le 1er janvier 2016). Les documents comptables et les pièces justificatives doivent être conservés pendant dix ans. Les factures reçues et émises sont conservées six ans au titre du Livre des procédures fiscales et dix ans au titre du Code de commerce : la durée la plus longue s'impose en pratique.

> *À retenir : le comptable assistant exerce une veille comptable, fiscale et sociale permanente ; l'article 20 de l'ordonnance n° 45-2138 du 19 septembre 1945 lui interdit d'exercer la tenue de comptabilité en profession indépendante.*

Fiche 2 — Le plan de comptes et la logique des classes

Le plan de comptes du PCG classe les comptes selon un système décimal. La classe est donnée par le premier chiffre ; plus on ajoute de chiffres, plus le compte est détaillé. Les comptes de bilan appartiennent aux classes 1 à 5, les comptes de gestion aux classes 6 et 7, la classe 8 étant réservée aux comptes spéciaux (engagements hors bilan notamment).

Classe	Intitulé	Exemples courants
1	Comptes de capitaux	101 Capital, 106 Réserves, 120 Résultat, 164 Emprunts
2	Comptes d'immobilisations	213 Constructions, 2154 Matériel industriel, 2183 Matériel de bureau, 281 Amortissements
3	Comptes de stocks et en-cours	31 Matières premières, 37 Marchandises, 39 Dépréciations
4	Comptes de tiers	401 Fournisseurs, 411 Clients, 421 Personnel, 44 État
5	Comptes financiers	512 Banque, 530 Caisse, 50 VMP
6	Comptes de charges	607 Achats de marchandises, 641 Rémunérations, 681 Dotations
7	Comptes de produits	707 Ventes de marchandises, 706 Prestations, 76 Produits financiers

Règles de lecture

- Le chiffre 9 en deuxième position indique un compte de sens contraire à sa classe : 609 Rabais obtenus sur achats (créditeur), 709 Rabais accordés (débiteur), 419 Clients créditeurs, 409 Fournisseurs débiteurs.
- Le chiffre 8 en deuxième position des classes 2 signale les amortissements (28) et le 9 les dépréciations (29, 39, 49, 59).
- Les comptes 6 et 7 sont soldés à la clôture par le compte de résultat ; les comptes 1 à 5 sont reportés au bilan d'ouverture suivant.

Le mécanisme de la partie double

Toute écriture comporte au moins un débit et un crédit d'égal montant. Pour un compte d'actif ou de charge, le débit augmente le solde ; pour un compte de passif ou de produit, c'est le crédit. Le total des débits du grand-livre est toujours égal au total des crédits : c'est ce que vérifie la balance générale, qui comporte pour chaque compte le solde à nouveau, les mouvements de la période et le solde final.

Fiche 3 — Organisation comptable et pièces justificatives

Toute écriture comptable s'appuie sur une pièce justificative datée, conservée et référencée : facture, relevé bancaire, bulletin de paie, bordereau de remise de chèques, avis d'opéré, note de frais accompagnée des justificatifs, tableau d'amortissement d'emprunt. La pièce est le point de départ du contrôle : sans elle, l'écriture n'est pas justifiée et la comptabilité peut être rejetée en cas de contrôle fiscal.

Le chemin de révision

La piste d'audit fiable impose de pouvoir remonter de la pièce à l'écriture, de l'écriture au journal, du journal au grand-livre, du grand-livre à la balance et de la balance aux comptes annuels — et inversement. Chaque écriture porte un numéro chronologique et une référence de pièce.

Les journaux auxiliaires

- Journal des achats : enregistrement des factures fournisseurs.
- Journal des ventes : enregistrement des factures clients.
- Journal de banque : encaissements et décaissements.
- Journal de caisse : mouvements d'espèces.
- Journal des opérations diverses (OD) : paie, TVA, inventaire, régularisations.
- Journal des à-nouveaux : reprise des soldes de bilan à l'ouverture.

Contrôles élémentaires

- Contrôle arithmétique : équilibre débit/crédit de chaque écriture et de la balance.
- Contrôle d'imputation : le compte utilisé correspond bien à la nature de l'opération.
- Contrôle de séquence : absence de rupture dans la numérotation des factures et des écritures.

- Contrôle de cohérence : rapprochement du chiffre d'affaires comptable avec les déclarations de TVA.

Le fichier des écritures comptables (FEC) doit être remis à l'administration en cas de vérification. Il obéit à une structure normalisée de dix-huit champs définie à l'article A. 47 A-1 du Livre des procédures fiscales.

Fiche 4 — La facture : mentions obligatoires et facturation électronique

La facture est à la fois un document commercial, une pièce comptable et le support du droit à déduction de la TVA. Ses mentions obligatoires figurent aux articles L. 441-9 du Code de commerce et 242 nonies A de l'annexe II au Code général des impôts.

Mentions obligatoires principales

- Date d'émission et numéro unique fondé sur une séquence chronologique continue.
- Identité complète du vendeur et de l'acheteur, adresses de facturation et de livraison.
- Numéro individuel d'identification à la TVA du vendeur et, pour les opérations intracommunautaires, celui du client.
- Désignation, quantité et prix unitaire hors taxes de chaque bien ou service.
- Réductions acquises et chiffrables lors de l'opération, taux et montant de TVA par taux, total hors taxes, total toutes taxes comprises.
- Date de règlement, conditions d'escompte, taux des pénalités de retard et indemnité forfaitaire de recouvrement de 40 euros.
- Le cas échéant, la mention d'exonération, d'autoliquidation ou du régime de la marge.

Facturation électronique

La réforme de la facturation électronique entre entreprises assujetties établies en France (e-invoicing) et de la transmission des données de transaction (e-reporting) est prévue par l'article 26 de la loi de finances pour 2024. Le calendrier retenu prévoit une obligation de réception des factures électroniques pour toutes les entreprises et une obligation d'émission pour les grandes entreprises et les entreprises de taille intermédiaire au 1er septembre 2026, puis une obligation d'émission pour les PME et microentreprises au 1er septembre 2027. Les factures transiteront par des plateformes agréées, les formats socles étant Factur-X, UBL et CII.

> *Le comptable assistant doit vérifier la conformité des mentions avant comptabilisation : une facture incomplète peut faire perdre le droit à déduction de la TVA.*

Fiche 5 — Comptabilisation des ventes

La vente est enregistrée au journal des ventes à la date de la facture. Le compte client est débité pour le montant toutes taxes comprises, les comptes de produits sont crédités pour le montant hors taxes et la TVA collectée est créditée au compte 44571.

Écriture type d'une vente de marchandises

Compte	Libellé	Débit	Crédit
411	Clients	TTC	
707	Ventes de marchandises		HT
44571	TVA collectée		TVA

Distinction des comptes de produits

- 701 Ventes de produits finis (entreprise industrielle).
- 706 Prestations de services.
- 707 Ventes de marchandises (revente en l'état).
- 708 Produits des activités annexes (ports facturés, commissions).
- 7085 Ports et frais accessoires facturés.

Points de vigilance

- Le port facturé au client suit le sort de la vente principale et supporte le même taux de TVA lorsqu'il constitue un élément du prix.
- Une vente à un client de l'Union européenne assujetti et identifié est exonérée de TVA française (livraison intracommunautaire) sous condition de disposer du numéro de TVA du client, valide dans la base VIES, et de la preuve du transport.
- Une exportation hors Union européenne est exonérée sur justification de la déclaration en douane.

- Les avances et acomptes reçus des clients sont enregistrés au crédit du compte 4191, la TVA sur acompte étant exigible dès l'encaissement pour les prestations de services et pour les livraisons de biens depuis le 1er janvier 2023.

Fiche 6 — Réductions, escomptes et avoirs

Les réductions se distinguent selon leur nature commerciale ou financière, et selon qu'elles figurent sur la facture initiale ou sur une facture ultérieure.

Les trois réductions commerciales

- Rabais : réduction exceptionnelle accordée pour un défaut de qualité, un retard de livraison ou une non-conformité.
- Remise : réduction habituelle liée à la quantité commandée ou à la qualité du client.
- Ristourne : réduction calculée sur le volume d'affaires réalisé sur une période.

Traitement comptable

- Sur facture initiale : les réductions commerciales ne sont jamais comptabilisées séparément ; seul le net commercial est enregistré en 707 ou en 607.
- Sur facture d'avoir ultérieure : elles sont enregistrées au débit du compte 709 chez le vendeur et au crédit du compte 609 chez l'acheteur.
- L'escompte de règlement, réduction financière accordée pour paiement anticipé, se comptabilise toujours séparément, même sur la facture initiale : 665 Escomptes accordés (charge financière) chez le vendeur, 765 Escomptes obtenus (produit financier) chez l'acheteur.

Ordre de calcul sur une facture

On applique successivement les réductions commerciales en cascade sur le net précédent, puis l'escompte, ce qui donne le net financier. On ajoute ensuite les frais de port et éventuels frais accessoires, puis on calcule la TVA sur ce total. La base de TVA est donc diminuée des réductions, escompte compris.

L'avoir

Une facture d'avoir constate un retour de marchandises, une réduction hors facture ou une annulation. Elle reprend les mêmes mentions que la facture initiale, avec référence explicite à celle-ci. Chez le vendeur, l'avoir pour retour s'enregistre par contre-passation : débit 707 et 44571, crédit 411.

Fiche 7 — Emballages, consignations et frais accessoires

Les emballages récupérables identifiables sont immobilisés en compte 2186 ; les emballages récupérables non identifiables et les emballages perdus constituent des stocks (compte 326 et 3265) et des achats (compte 60265 et 6026).

La consignation

- À la consignation, le vendeur crédite le compte 4196 Clients — dettes sur emballages et matériels consignés pour le prix de consignation ; l'opération est hors champ de la TVA lorsque la consignation est facturée au prix coûtant et fait l'objet d'un suivi.
- Au retour au même prix, le compte 4196 est débité et le compte client crédité : l'opération est neutre.
- En cas de non-retour, la consignation devient une vente d'emballage : le compte 4196 est soldé par le crédit du compte 7088 ou 707, avec TVA.
- En cas de retour à un prix inférieur au prix de consignation (mali), le vendeur constate un produit en 7088 et l'acheteur une charge en 6136 Malis sur emballages.

Frais accessoires d'achat

Les frais de transport, de manutention, d'assurance et les droits de douane non récupérables engagés pour amener le bien à l'endroit et dans l'état de son utilisation peuvent être incorporés au coût d'acquisition du bien ou enregistrés séparément en charges par nature (6241 Transports sur achats, 6226 Honoraires, 6221 Commissions). Le choix retenu doit être appliqué de manière permanente et mentionné en annexe.

Fiche 8 — Créances clients : suivi, relance et créances douteuses

Le suivi du poste clients est une mission centrale du comptable assistant : il conditionne la trésorerie de l'entreprise. Il repose sur la balance âgée, document qui classe les créances par ancienneté d'échéance et permet de piloter les relances.

Le processus de recouvrement

- Relance amiable : courriel, appel téléphonique, lettre de rappel.
- Mise en demeure par lettre recommandée avec accusé de réception, faisant courir les pénalités de retard.
- Recouvrement judiciaire : injonction de payer, référé provision, assignation au fond.
- Prescription : cinq ans en matière commerciale entre professionnels (article L. 110-4 du Code de commerce), deux ans pour les créances sur consommateurs.

Passage en créance douteuse

Lorsqu'un risque de non-recouvrement apparaît (litige, incident de paiement, procédure collective), la créance est reclassée du compte 411 au compte 416 Clients douteux ou litigieux pour son montant toutes taxes comprises. Une dépréciation est ensuite constatée sur le montant hors taxes de la perte probable : débit 68174 Dotations aux dépréciations des créances, crédit 491 Dépréciations des comptes clients.

Créance définitivement irrécouvrable

- Débit 654 Pertes sur créances irrécouvrables pour le montant hors taxes.
- Débit 44571 pour récupérer la TVA collectée initialement, sous réserve d'envoyer au client un duplicata de facture portant la mention réglementaire relative à la non-déduction de la TVA.
- Crédit 416 pour le montant toutes taxes comprises.
- Reprise de la dépréciation devenue sans objet : débit 491, crédit 78174.

Fiche 9 — Comptabilisation des achats et charges externes

Les achats sont enregistrés au journal des achats à la date de la facture, pour leur montant hors taxes en classe 6, la TVA déductible étant portée au débit du compte 44566 pour les biens et services et du compte 44562 pour les immobilisations.

Les principaux comptes d'achats

- 601 Achats de matières premières, 602 Achats d'autres approvisionnements, 604 Achats d'études et prestations de services, 605 Achats de matériel et équipements, 606 Achats non stockés de matières et fournitures (dont 6061 énergie, 6063 fournitures d'entretien, 6064 fournitures administratives), 607 Achats de marchandises.
- Les comptes 6031 à 6037 Variation des stocks ne sont mouvementés qu'à l'inventaire.

Les services extérieurs

- 61 Services extérieurs : 613 Locations, 615 Entretien et réparations, 616 Primes d'assurances, 618 Documentation.
- 62 Autres services extérieurs : 621 Personnel extérieur, 622 Rémunérations d'intermédiaires et honoraires, 623 Publicité, 625 Déplacements et missions, 626 Frais postaux et télécommunications, 627 Services bancaires.
- 63 Impôts et taxes : 631 et 633 impôts et taxes sur rémunérations, 635 autres impôts (CFE, CVAE, taxe foncière).

Charge ou immobilisation ?

Un bien destiné à servir de façon durable à l'activité et dont la valeur unitaire hors taxes dépasse le seuil de tolérance administrative de 500 euros doit être immobilisé. En dessous, l'administration admet la comptabilisation directe en charges pour le petit matériel, le mobilier et les logiciels, à condition que ce soit une pratique constante.

Fiche 10 — Gestion administrative et comptable des fournisseurs

---

Le cycle fournisseur suit une chaîne rigoureuse : expression du besoin, bon de commande, réception avec bon de livraison, réception de la facture, contrôle, comptabilisation, mise en paiement, lettrage. Le comptable assistant assure le rapprochement en trois points entre la commande, le bon de livraison et la facture avant toute comptabilisation.

Contrôles à effectuer sur une facture fournisseur

- Conformité des mentions obligatoires et du numéro de TVA intracommunautaire.
- Concordance des quantités facturées avec le bon de livraison signé.
- Concordance des prix unitaires et des conditions commerciales avec la commande.
- Exactitude arithmétique des totaux, des réductions et de la TVA.
- Absence de double facturation : contrôle du numéro de facture dans le journal des achats.

Délais de paiement

L'article L. 441-10 du Code de commerce fixe le délai de droit commun à trente jours à compter de la réception des marchandises ou de l'exécution de la prestation. Les parties peuvent convenir d'un délai maximal de soixante jours à compter de la date d'émission de la facture, ou de quarante-cinq jours fin de mois si cela est expressément stipulé au contrat et ne constitue pas un abus manifeste. Des délais spécifiques existent pour certains secteurs (transport, denrées périssables, alcools).

Comptabilisation

- Facture reçue : débit 607 et 44566, crédit 401.
- Règlement : débit 401, crédit 512.
- Effet à payer accepté : débit 401, crédit 403 Fournisseurs — Effets à payer.

- Immobilisation acquise : débit 21x et 44562, crédit 404 Fournisseurs d'immobilisations.
- Avance versée : débit 4091, crédit 512 ; l'avance est soldée à réception de la facture définitive.

Fiche 11 — Trésorerie : encaissements, décaissements et moyens de paiement

Les comptes financiers de la classe 5 retracent les mouvements de trésorerie. Le compte 512 Banques est débité des encaissements et crédité des décaissements ; le compte 530 Caisse ne peut jamais présenter un solde créditeur, ce qui constitue un contrôle élémentaire.

Les principaux moyens de paiement

- Virement SEPA : ordre donné par le débiteur, format IBAN et BIC, exécution en un jour ouvré.
- Prélèvement SEPA : mandat signé par le débiteur, identifiant créancier SEPA obligatoire.
- Chèque : validité un an et huit jours ; comptabilisation à l'émission au crédit du 512 pour l'émetteur, à la remise à l'encaissement via le compte 5112 Chèques à encaisser pour le bénéficiaire.
- Carte bancaire : le compte 5115 Cartes bancaires à encaisser sert de compte d'attente jusqu'au crédit en banque.
- Effets de commerce : lettre de change et billet à ordre.

Le compte de virements internes

Le compte 580 Virements internes est un compte de passage utilisé pour éviter les doubles écritures lors des transferts entre comptes de trésorerie, par exemple d'un compte bancaire à la caisse. Il doit être soldé après chaque opération et impérativement à la clôture.

Contrôles de trésorerie

- Solde de caisse toujours débiteur et concordant avec le comptage physique consigné dans un procès-verbal.
- Suivi quotidien de la position bancaire et des dates de valeur.
- Prévisions d'encaissement et de décaissement dans un plan de trésorerie glissant.

- Justification mensuelle des comptes d'attente 471 à 475, qui doivent être soldés à la clôture.

Fiche 12 — L'état de rapprochement bancaire

Le rapprochement bancaire consiste à expliquer l'écart entre le solde du compte 512 dans la comptabilité de l'entreprise et le solde figurant sur le relevé bancaire. Ces deux comptes sont réciproques : ce qui est débité chez l'un est crédité chez l'autre. L'écart provient des décalages d'enregistrement et des opérations connues d'une seule des deux parties.

Causes habituelles d'écart

- Chèques émis par l'entreprise et non encore présentés au paiement.
- Chèques remis à l'encaissement et non encore crédités par la banque.
- Frais bancaires, commissions, agios et cotisations non encore comptabilisés.
- Virements reçus de clients non encore connus de l'entreprise.
- Prélèvements automatiques, effets domiciliés, échéances d'emprunt.
- Erreurs d'imputation ou d'inversion de chiffres, de part et d'autre.

Méthode en quatre temps

- Pointer les opérations figurant dans les deux documents.
- Reporter dans la colonne « compte banque tenu par l'entreprise » les opérations connues de la seule banque.
- Reporter dans la colonne « compte entreprise tenu par la banque » les opérations connues de la seule entreprise.
- Vérifier que les deux soldes rectifiés sont égaux et de sens opposé, puis comptabiliser uniquement les régularisations relevant de l'entreprise.

> *Seules les opérations de la première catégorie donnent lieu à écriture : frais bancaires en 627, agios en 6616, virements clients en 411, effets impayés en 411 ou 416.*

Fiche 13 — Les effets de commerce

L'effet de commerce est un titre négociable constatant une créance à court terme. La lettre de change est émise par le créancier (le tireur) et acceptée par le débiteur (le tiré) ; le billet à ordre est souscrit par le débiteur lui-même.

Cycle de vie et comptabilisation chez le tireur

- Création et acceptation : débit 413 Clients — Effets à recevoir, crédit 411.
- Remise à l'encaissement : débit 5113 Effets à l'encaissement, crédit 413.
- Encaissement à l'échéance : débit 512 et 627 pour la commission, débit 44566 pour la TVA sur commission, crédit 5113.
- Remise à l'escompte : débit 5114 Effets à l'escompte, crédit 413 ; puis à l'avis de crédit, débit 512, débit 661 pour l'intérêt d'escompte, débit 627 et 44566 pour la commission, crédit 5114 ; la dette envers la banque figure au crédit du compte 519 Concours bancaires courants jusqu'à l'échéance.
- Endossement au profit d'un fournisseur : débit 401, crédit 413.

Incidents

- Effet impayé : le porteur reprend la créance en 411 ou 416, majorée des frais réclamés au client.
- Prorogation : annulation de l'effet initial et création d'un nouvel effet, éventuellement majoré d'intérêts de retard enregistrés en 763.

Fiche 14 — Lettrage, justification des comptes et comptes d'attente

Le lettrage consiste à rapprocher, dans un compte de tiers, les écritures de débit et de crédit qui se compensent. Un compte lettré ne laisse apparaître que les opérations non soldées, ce qui permet d'obtenir instantanément la liste des factures clients impayées ou des factures fournisseurs restant à régler.

Bonnes pratiques

- Lettrer au fil de l'eau, à chaque encaissement ou décaissement.
- Utiliser le lettrage partiel lorsqu'un règlement ne couvre qu'une partie de la facture.
- Analyser mensuellement les écritures non lettrées de plus de soixante jours.
- Contrôler l'absence de soldes anormaux : un compte 411 créditeur doit être reclassé en 4191, un compte 401 débiteur en 4091.

Les comptes d'attente

Les comptes 471 à 475 accueillent provisoirement les opérations dont l'imputation définitive n'est pas connue. Leur usage doit rester exceptionnel et temporaire : ils sont obligatoirement soldés avant l'établissement des comptes annuels, faute de quoi la comptabilité est considérée comme irrégulière. Le compte 476 Différences de conversion — Actif et le compte 477 Différences de conversion — Passif obéissent quant à eux à une logique spécifique liée aux créances et dettes en devises.

Fiche 15 — Dématérialisation, environnement numérique et sécurité

Le comptable assistant travaille dans un environnement entièrement numérique : progiciel de gestion intégré, logiciel de comptabilité, portail de dématérialisation, coffre-fort électronique, tableur. Il doit maîtriser les flux d'import et d'export et comprendre les contrôles automatisés.

Points réglementaires

- Les logiciels de caisse et de comptabilité utilisés par les assujettis à la TVA enregistrant des règlements de clients particuliers doivent satisfaire aux conditions d'inaltérabilité, de sécurisation, de conservation et d'archivage, attestées par un certificat ou une attestation individuelle de l'éditeur (article 286-I-3° bis du Code général des impôts).
- La facture reçue sous forme papier peut être numérisée et conservée sous forme électronique dans les conditions fixées par l'arrêté du 22 mars 2017 puis l'arrêté du 23 mai 2019 : numérisation à l'identique, empreinte numérique, horodatage et conservation dans un format PDF ou PDF A/3.
- Le règlement général sur la protection des données impose de limiter la collecte des données à caractère personnel, de définir des durées de conservation et de sécuriser les accès, notamment pour les données de paie.

Sécurité et contrôle interne informatique

- Séparation des fonctions : celui qui saisit ne valide pas le paiement.
- Habilitations nominatives, mots de passe robustes, double authentification pour les accès bancaires.
- Sauvegardes régulières et testées, dont une copie externalisée.
- Vigilance face à la fraude au faux fournisseur et au faux président : toute demande de changement de coordonnées bancaires doit être vérifiée par un contact direct au numéro connu.

Fiche 16 — La TVA : mécanisme général et champ d'application

La TVA est un impôt indirect sur la consommation, supporté par le consommateur final et collecté par les entreprises. L'entreprise assujettie collecte la TVA sur ses ventes, déduit la TVA supportée sur ses achats et reverse la différence au Trésor public. Elle est donc neutre pour l'entreprise, sauf exclusion du droit à déduction.

Champ d'application

- Opérations imposables par nature : livraisons de biens et prestations de services effectuées à titre onéreux par un assujetti agissant en tant que tel.
- Opérations imposables par disposition expresse de la loi : livraisons à soi-même, importations, acquisitions intracommunautaires.
- Opérations exonérées : exportations, livraisons intracommunautaires, activités médicales, enseignement, opérations d'assurance, locations nues à usage d'habitation.
- Opérations imposables sur option : locations de locaux nus à usage professionnel, certaines activités agricoles.

Franchise en base

Les entreprises dont le chiffre d'affaires ne dépasse pas les seuils de la franchise en base ne facturent pas de TVA et ne la déduisent pas ; leurs factures portent la mention « TVA non applicable, article 293 B du Code général des impôts ». Les seuils de droit commun sont de 85 000 euros pour les ventes de biens et de 37 500 euros pour les prestations de services, avec des seuils majorés de 93 500 et 41 250 euros. Le comptable assistant doit vérifier chaque année le franchissement éventuel de ces seuils, qui entraîne l'assujettissement.

Fiche 17 — TVA : taux, fait générateur et exigibilité

La distinction entre fait générateur et exigibilité est déterminante pour la période de déclaration. Le fait générateur est l'événement qui donne naissance à la créance du Trésor ; l'exigibilité est le droit pour le Trésor de réclamer le paiement.

Opération	Fait générateur	Exigibilité
Livraison de biens	Délivrance du bien	Délivrance ; sur acompte, dès l'encaissement
Prestation de services	Exécution de la prestation	Encaissement du prix ou de l'acompte
Prestation, option débits	Exécution	Inscription au débit du compte client (facturation)
Acquisition intracommunautaire	Livraison	Date de la facture ou 15 du mois suivant
Importation	Dédouanement	Autoliquidation sur la déclaration CA3

Les taux applicables en France continentale

- Taux normal 20 % : cas général.
- Taux réduit 10 % : restauration, transport de voyageurs, travaux d'amélioration de logements de plus de deux ans, hébergement, médicaments non remboursables.
- Taux réduit 5,5 % : produits alimentaires, équipements pour personnes handicapées, livres, abonnements gaz et électricité, travaux de rénovation énergétique, protections hygiéniques.
- Taux particulier 2,1 % : médicaments remboursables, presse, certains spectacles.

> *Des taux spécifiques s'appliquent en Corse (0,9 %, 2,1 %, 10 %, 13 % et 20 %) et dans les départements d'outre-mer de Guadeloupe, Martinique et La Réunion (1,05 %, 1,75 %, 2,1 % et 8,5 %). La TVA n'est provisoirement pas applicable en Guyane et à Mayotte.*

Fiche 18 — TVA déductible et exclusions du droit à déduction

La TVA supportée est déductible si trois conditions sont réunies : le bien ou le service est nécessaire à l'exploitation, la dépense est justifiée par une facture régulière mentionnant la TVA, et le droit à déduction est né, c'est-à-dire que la taxe est devenue exigible chez le fournisseur.

Exclusions et limitations

- Véhicules de tourisme conçus pour le transport de personnes : TVA non déductible sur l'achat, la location et l'entretien. Les véhicules utilitaires ouvrent en revanche droit à déduction.
- Carburants : le gazole et le superéthanol E85 ouvrent droit à déduction à 80 % pour les véhicules de tourisme et à 100 % pour les véhicules utilitaires ; l'essence est désormais alignée sur le gazole ; l'électricité et le GPL sont déductibles à 100 %.
- Dépenses de logement engagées au profit des dirigeants ou du personnel : TVA exclue du droit à déduction.
- Cadeaux : TVA déductible seulement si la valeur unitaire toutes taxes comprises n'excède pas le seuil réglementaire de 73 euros par bénéficiaire et par an.
- Transport de personnes : TVA non déductible (billets de train, d'avion, taxis).
- Restauration et réception : TVA déductible dès lors que la dépense est engagée dans l'intérêt de l'entreprise et justifiée.

Le coefficient de déduction

Le montant déductible s'obtient en multipliant la TVA supportée par un coefficient de déduction, produit de trois coefficients : le coefficient d'assujettissement (proportion d'utilisation pour des opérations dans le champ), le coefficient de taxation (proportion d'utilisation pour des opérations ouvrant droit à déduction) et le coefficient d'admission (fixé par la réglementation, nul en cas d'exclusion). Chaque coefficient est arrondi par excès à la deuxième décimale.

Fiche 19 — Régimes d'imposition et déclarations de TVA

Le régime d'imposition détermine la périodicité déclarative et le formulaire à utiliser. Il dépend du chiffre d'affaires et de l'activité, avec possibilité d'option pour un régime supérieur.

Régime	Conditions	Déclaration
Franchise en base	CA sous les seuils de l'article 293 B	Aucune déclaration de TVA
Réel simplifié	CA entre les seuils et 840 000 € (biens) ou 254 000 € (services), TVA due < 15 000 €	CA12 annuelle + 2 acomptes (juillet 55 %, décembre 40 %)
Réel normal	Au-delà, ou sur option, ou TVA due > 15 000 €	CA3 mensuelle ; trimestrielle si TVA annuelle < 4 000 €

Le formulaire CA3

- Cadre A : montant des opérations réalisées, ventilé entre opérations imposables (ligne 01 ventes et prestations, ligne 02 autres opérations imposables, ligne 03 acquisitions intracommunautaires) et opérations non imposables (ligne 04 exportations, ligne 06 livraisons intracommunautaires).
- Cadre B : décompte de la TVA à payer, avec la TVA collectée par taux (lignes 08 à 13) puis la TVA déductible sur immobilisations (ligne 19), sur autres biens et services (ligne 20) et le report de crédit antérieur (ligne 22).
- Le solde apparaît en ligne 16 TVA brute due, ligne 28 TVA à payer ou ligne 25 crédit de TVA.

Le crédit de TVA

Lorsque la TVA déductible excède la TVA collectée, l'entreprise dispose d'un crédit de TVA qu'elle peut soit reporter sur la déclaration suivante, soit demander en remboursement au moyen du formulaire n° 3519. Le remboursement est annuel si le crédit atteint 150 euros, mensuel ou trimestriel s'il atteint 760 euros. La demande s'effectue par télédéclaration depuis l'espace professionnel du site impots.gouv.fr, la télédéclaration et le télérèglement étant obligatoires pour toutes les entreprises.

Fiche 20 — Opérations internationales et autoliquidation

Les échanges avec l'étranger obéissent à des règles de territorialité précises. Le principe général pour les prestations entre assujettis est la taxation au lieu d'établissement du preneur, ce qui conduit à l'autoliquidation par le client.

Livraisons et acquisitions intracommunautaires

- Livraison intracommunautaire de biens : exonérée en France, mention « Exonération de TVA, article 262 ter I du CGI », sous condition de numéro de TVA valide du client et de preuve du transport.
- Acquisition intracommunautaire : le client français autoliquide, portant la TVA à la fois en TVA collectée (ligne 03 puis lignes 08 et suivantes) et en TVA déductible (ligne 20). L'opération est neutre si le droit à déduction est total.
- L'ancienne déclaration d'échanges de biens a été remplacée depuis le 1er janvier 2022 par l'état récapitulatif TVA, obligatoire pour toutes les livraisons intracommunautaires, et par l'enquête statistique EMEBI pour les entreprises sélectionnées.
- La déclaration européenne de services recense les prestations intracommunautaires réalisées.

Importations

Depuis le 1er janvier 2022, la TVA à l'importation est obligatoirement autoliquidée sur la déclaration CA3, gérée par la direction générale des finances publiques et non plus par la douane. Les données sont préremplies à partir des déclarations en douane, mais l'entreprise reste responsable de leur exactitude et doit les vérifier avant validation.

Autres cas d'autoliquidation

- Sous-traitance dans le secteur du bâtiment : le sous-traitant facture hors taxes avec la mention « Autoliquidation », le donneur d'ordre déclare la TVA.
- Livraisons de déchets neufs d'industrie et de matières de récupération.

- Achats de services auprès d'un prestataire établi hors de France.

Fiche 21 — Comptabilisation et liquidation de la TVA

Les comptes de TVA sont regroupés dans la subdivision 445 État — Taxes sur le chiffre d'affaires. Leur solde doit être analysé chaque mois.

Principaux comptes

- 44562 TVA déductible sur immobilisations.
- 44566 TVA déductible sur autres biens et services.
- 44567 Crédit de TVA à reporter.
- 44571 TVA collectée.
- 44551 TVA à décaisser.
- 44581 TVA sur factures non parvenues, 44586 TVA sur factures à établir.
- 44584 TVA récupérée d'avance, 4457 TVA sur encaissements pour les prestataires de services.

Écriture de liquidation

En fin de période, on solde les comptes de TVA collectée et de TVA déductible. Si la TVA collectée est supérieure, la différence est portée au crédit du compte 44551 TVA à décaisser, réglée le mois suivant par le débit de ce compte et le crédit du 512. Si la TVA déductible est supérieure, la différence est portée au débit du compte 44567 Crédit de TVA à reporter, qui viendra en déduction de la liquidation suivante.

Contrôles de cohérence

- Rapprocher le chiffre d'affaires déclaré des comptes 70 du grand-livre : total annuel des lignes 01 des CA3 égal au total des produits imposables.
- Vérifier que le compte 44571 est soldé après chaque liquidation.
- Contrôler le ratio TVA collectée sur chiffre d'affaires par taux.
- Suivre le compte 4455 : un solde débiteur signale une anomalie.

Fiche 22 — Le bulletin de paie : structure et mentions

Le bulletin de paie est régi par les articles L. 3243-2 et R. 3243-1 du Code du travail. Depuis le 1er janvier 2018, il obéit à un modèle clarifié qui regroupe les cotisations par risque couvert. Depuis le 1er juillet 2023, il fait apparaître une ligne « Montant net social », base de référence pour le calcul des prestations sociales.

Structure du bulletin

- En-tête : identité et adresse de l'employeur, numéro SIRET, code APE, convention collective applicable, identité du salarié, emploi et position dans la classification.
- Rémunération brute : salaire de base, heures supplémentaires et complémentaires, primes, avantages en nature, indemnités.
- Cotisations et contributions sociales par risque : santé, accidents du travail, retraite, famille, assurance chômage, autres contributions dues par l'employeur.
- Net imposable, montant net social, net à payer avant impôt.
- Prélèvement à la source : taux appliqué, base et montant retenu.
- Net à payer et date de paiement, cumuls annuels, congés payés acquis et pris.

Mentions interdites

Le bulletin ne doit pas mentionner l'exercice du droit de grève ni les fonctions de représentant du personnel : dans ce dernier cas, la nature et le montant de la rémunération liée à l'activité de représentation font l'objet d'une fiche annexée.

> *L'employeur doit conserver un double des bulletins pendant cinq ans ; le salarié est invité à conserver les siens sans limitation de durée.*

Fiche 23 — Assiettes, plafonds et cotisations sociales

Les cotisations sont calculées sur des assiettes définies par référence au plafond de la sécurité sociale. Le comptable assistant doit savoir identifier la tranche applicable et l'organisme destinataire.

Les assiettes de référence

- Assiette totale ou tranche unique : totalité de la rémunération brute.
- Tranche 1 : rémunération dans la limite d'un plafond mensuel de la sécurité sociale.
- Tranche 2 : fraction comprise entre un et huit plafonds, utilisée pour la retraite complémentaire Agirc-Arrco.
- Tranche A, B, C : ancienne terminologie encore rencontrée pour la prévoyance.

Principales cotisations

Risque	Organisme	Assiette
Maladie, maternité, invalidité, décès	Urssaf	Totalité
Vieillesse plafonnée	Urssaf	Tranche 1
Vieillesse déplafonnée	Urssaf	Totalité
Allocations familiales	Urssaf	Totalité
Accidents du travail	Urssaf	Totalité, taux notifié par la Carsat
Retraite complémentaire	Agirc-Arrco	Tranches 1 et 2
Assurance chômage et AGS	Urssaf	Dans la limite de 4 plafonds
CSG et CRDS	Urssaf	98,25 % du brut jusqu'à 4 plafonds, puis 100 %

Points de vigilance

- La CSG se décompose en une fraction déductible du revenu imposable et une fraction non déductible ; la CRDS n'est jamais déductible.
- Les avantages en nature et les frais professionnels obéissent à des règles d'évaluation forfaitaire publiées chaque année.
- La réduction générale des cotisations patronales s'applique aux rémunérations inférieures à 1,6 SMIC, selon une formule fondée sur un coefficient et un paramètre T.
- Les heures supplémentaires bénéficient d'une réduction de cotisations salariales et d'une exonération d'impôt sur le revenu dans la limite annuelle en vigueur.

Fiche 24 — Recueil des variables de paie et DSN

Le comptable assistant collecte chaque mois les éléments variables auprès des responsables : absences, heures supplémentaires, primes, acomptes, entrées et sorties, tickets-restaurant, notes de frais, saisies-arrêts.

Les variables les plus fréquentes

- Heures supplémentaires et complémentaires, majorées selon le Code du travail ou la convention collective.
- Absences : maladie, accident du travail, congés payés, congés sans solde, événements familiaux.
- Primes : ancienneté, objectifs, treizième mois, prime de partage de la valeur.
- Avantages en nature : véhicule, logement, repas, nouvelles technologies.
- Titres-restaurant : part patronale exonérée dans la limite réglementaire, à condition de ne pas dépasser 60 % de la valeur du titre.

La déclaration sociale nominative

La DSN est la déclaration unique, mensuelle et dématérialisée qui remplace la quasi-totalité des déclarations sociales. Elle est transmise depuis le logiciel de paie au plus tard le 5 du mois suivant pour les entreprises d'au moins cinquante salariés pratiquant le décalage de paie, et le 15 dans les autres cas. Elle alimente l'Urssaf, les caisses de retraite, la prévoyance, France Travail, la DGFiP pour le prélèvement à la source et les organismes complémentaires.

- Les signalements d'événements (arrêt de travail, fin de contrat) sont transmis dans les cinq jours suivant l'événement.
- Le compte rendu métier renvoyé par les organismes doit être analysé et les anomalies corrigées dès la DSN suivante.

Fiche 25 — Comptabilisation de la paie

La paie donne lieu à une écriture d'origine, une écriture de charges patronales et une écriture de règlement, passées au journal des opérations diverses puis au journal de banque.

Écriture de centralisation

Compte	Libellé	Débit	Crédit
641	Rémunérations du personnel (brut)	X	
421	Personnel — Rémunérations dues		Net à payer
427	Personnel — Oppositions		Saisies
431	Sécurité sociale (part salariale)		X
437	Autres organismes sociaux (part salariale)		X
4421	Prélèvement à la source		X

Charges patronales

Débit 645 Charges de sécurité sociale et de prévoyance, crédit 431 et 437 pour les parts patronales. Le compte 645 peut être subdivisé : 6451 cotisations à l'Urssaf, 6453 cotisations aux caisses de retraite, 6454 cotisations aux ASSEDIC. Les taxes assises sur les salaires (formation professionnelle, apprentissage, effort construction) sont enregistrées en 631 et 633.

Règlements

- Salaires : débit 421, crédit 512.
- Cotisations : débit 431 et 437, crédit 512.

- Prélèvement à la source reversé à la DGFiP : débit 4421, crédit 512.

> *Contrôle indispensable : le total du compte 641 doit correspondre au brut du journal de paie, et les comptes 421, 431 et 437 doivent être soldés après les règlements du mois suivant.*

Fiche 26 — Entrée et sortie du salarié

Le comptable assistant prépare les formalités administratives liées à l'entrée et à la sortie des salariés, sous la responsabilité du service des ressources humaines ou du dirigeant.

À l'embauche

- Déclaration préalable à l'embauche auprès de l'Urssaf, dans les huit jours précédant l'embauche.
- Établissement du contrat de travail écrit, obligatoire pour le CDD et le temps partiel.
- Inscription au registre unique du personnel.
- Affiliation aux organismes de retraite complémentaire, de prévoyance et à la mutuelle d'entreprise.
- Organisation de la visite d'information et de prévention auprès du service de prévention et de santé au travail.

À la sortie

- Certificat de travail mentionnant les dates d'entrée et de sortie et la nature des emplois occupés.
- Attestation destinée à France Travail, transmise par DSN signalement de fin de contrat.
- Reçu pour solde de tout compte détaillant les sommes versées, dénonçable dans les six mois.
- Solde de tout compte : dernier salaire, indemnité compensatrice de congés payés, indemnité de préavis le cas échéant, indemnité de fin de contrat pour le CDD (10 % de la rémunération brute totale, sauf exceptions), indemnité de licenciement.
- Information sur la portabilité des garanties de prévoyance et de frais de santé.

Comptabilisation des indemnités

Les indemnités de licenciement sont enregistrées en 641 ou en 6414 selon le plan de comptes de l'entreprise, les indemnités de rupture conventionnelle suivant le même traitement. Les indemnités transactionnelles peuvent relever du compte 6788. Leur régime social et fiscal dépend de leur nature et de leur montant, l'exonération étant plafonnée par référence au plafond annuel de la sécurité sociale.

Fiche 27 — Tableaux de bord et indicateurs de gestion

Le tableau de bord est un outil de pilotage synthétique, adapté au destinataire, actualisé à intervalle régulier et centré sur un nombre restreint d'indicateurs pertinents. Le comptable assistant le prépare et le commente sans se substituer au décideur.

Qualités d'un bon indicateur

- Pertinent au regard de l'objectif poursuivi.
- Fiable, issu de données contrôlées et traçables.
- Disponible rapidement, quitte à accepter une précision approchée.
- Compréhensible et comparable dans le temps ou à une référence.

Indicateurs usuels

- Chiffre d'affaires par produit, par client, par zone géographique, avec écart par rapport au budget et à l'année précédente.
- Marge commerciale et taux de marge.
- Délai moyen de règlement des clients : créances clients TTC divisées par le chiffre d'affaires TTC, multipliées par 360.
- Délai moyen de règlement des fournisseurs : dettes fournisseurs TTC divisées par les achats TTC, multipliées par 360.
- Rotation des stocks : stock moyen divisé par le coût d'achat des marchandises vendues, multiplié par 360.
- Taux d'absentéisme, coût horaire moyen, effectif équivalent temps plein.

Restitution

La présentation privilégie la lisibilité : tableau synthétique, graphique adapté au message (histogramme pour comparer, courbe pour une évolution, secteurs pour une répartition), mise en évidence des écarts significatifs, commentaire en trois temps — constat, cause, proposition d'action.

Fiche 28 — Le tableur au service du comptable

La maîtrise du tableur est explicitement attendue lors de la mise en situation professionnelle. Les fonctions les plus utiles au comptable assistant relèvent du calcul conditionnel, de la recherche et de la mise en forme.

Fonctions à connaître

- SOMME, MOYENNE, MIN, MAX, ARRONDI, ENT, MOD.
- SI, ET, OU, SI imbriqués, SI.CONDITIONS.
- SOMME.SI, SOMME.SI.ENS, NB.SI, NB.SI.ENS.
- RECHERCHEV, RECHERCHEX, INDEX et EQUIV pour les rapprochements.
- Fonctions de date : AUJOURDHUI, DATEDIF, FIN.MOIS, NB.JOURS.OUVRES.
- Fonctions financières : VPM pour l'annuité d'emprunt, VA, TAUX, NPM.

Bonnes pratiques

- Distinguer clairement les cellules de saisie, de calcul et de résultat par un code couleur.
- Utiliser les références absolues avec le symbole dollar pour figer les taux.
- Nommer les plages pour rendre les formules lisibles.
- Protéger les feuilles de calcul et verrouiller les formules.
- Contrôler par un total de contrôle et par un rapprochement avec la balance comptable.
- Utiliser les tableaux croisés dynamiques pour analyser un grand-livre exporté.

Fiche 29 — Les travaux d'inventaire : démarche générale

Les travaux d'arrêté des comptes ont pour objet de traduire fidèlement la situation de l'entreprise à la date de clôture, en application des principes d'indépendance des exercices et de prudence. Ils s'organisent selon une séquence méthodique.

Séquence des travaux

- Édition de la balance avant inventaire et contrôle de l'équilibre.
- Justification de chaque compte de bilan par un état détaillé : balance âgée clients et fournisseurs, état des immobilisations, état des stocks, rapprochements bancaires, tableaux d'emprunts.
- Constatation des amortissements et des dépréciations.
- Comptabilisation des stocks selon la méthode de l'inventaire intermittent.
- Régularisation des charges et produits : charges à payer, produits à recevoir, charges et produits constatés d'avance.
- Constatation des provisions pour risques et charges.
- Détermination du résultat, calcul de l'impôt le cas échéant.
- Édition de la balance après inventaire, du bilan, du compte de résultat et des éléments d'annexe.

Les événements postérieurs à la clôture

Un événement postérieur à la clôture qui a un lien direct et prépondérant avec une situation existant à la clôture doit être pris en compte dans les comptes : par exemple, la liquidation judiciaire d'un client survenue en janvier confirme le caractère douteux d'une créance au 31 décembre. Un événement sans lien avec la situation antérieure fait seulement l'objet d'une information en annexe.

Fiche 30 — Les immobilisations : définition et coût d'entrée

Une immobilisation est un actif identifiable, contrôlé par l'entité, générateur d'avantages économiques futurs et destiné à servir de façon durable à l'activité. Le règlement ANC n° 2014-03 distingue les immobilisations incorporelles (classe 20), corporelles (classe 21) et financières (classe 26 et 27).

Le coût d'acquisition

- Prix d'achat net des remises, rabais et escomptes obtenus.
- Droits de douane et taxes non récupérables.
- Frais directement attribuables : transport, installation, montage, essais, honoraires de l'architecte, frais de mise en service.
- Sur option, les droits de mutation, honoraires, commissions et frais d'acte peuvent être incorporés au coût ou passés en charges ; l'option est globale et permanente.
- Les coûts d'emprunt peuvent être incorporés pour les actifs exigeant une longue période de préparation.

Cas particuliers

- Production immobilisée : le coût de production est enregistré au débit du compte 21x par le crédit du compte 72 Production immobilisée.
- Immobilisation acquise par crédit-bail : elle ne figure pas à l'actif ; les redevances sont enregistrées en 612 Redevances de crédit-bail, et une information est portée en annexe.
- Décomposition par composants : lorsque des éléments d'un actif ont des durées d'utilisation différentes, ils sont comptabilisés séparément et amortis sur leur propre durée.

> *Seuil pratique : les biens de faible valeur, d'un montant unitaire hors taxes inférieur ou égal à 500 euros, peuvent être passés directement en charges.*

Fiche 31 — Les amortissements

L'amortissement est la répartition systématique du montant amortissable d'un actif en fonction de son utilisation. Le montant amortissable est la valeur brute diminuée de la valeur résiduelle lorsque celle-ci est significative et mesurable.

Les modes d'amortissement

- Amortissement linéaire : annuité constante, calculée en fonction de la durée réelle d'utilisation, avec prorata temporis en nombre de jours à partir de la date de mise en service.
- Amortissement dégressif : mode fiscal réservé à certains biens neufs d'une durée d'au moins trois ans. Le taux linéaire est multiplié par un coefficient de 1,25 pour une durée de trois ou quatre ans, 1,75 pour cinq ou six ans, 2,25 au-delà. Le prorata se calcule en mois entiers à compter du premier jour du mois d'acquisition. Le passage au linéaire s'opère dès que le taux linéaire sur la durée restante devient supérieur au taux dégressif.
- Amortissement par unités d'œuvre : réparti selon la consommation réelle (kilomètres, heures machine, unités produites).

Comptabilisation

Débit 6811 Dotations aux amortissements sur immobilisations, crédit 281 Amortissements des immobilisations corporelles. Au bilan, l'amortissement figure en diminution de la valeur brute pour donner la valeur nette comptable.

Amortissement comptable et fiscal

Lorsque l'amortissement fiscalement admis excède l'amortissement économiquement justifié, la différence est constatée en amortissement dérogatoire : débit 68725 Dotations aux provisions réglementées, crédit 145 Amortissements dérogatoires. La reprise s'effectue en sens inverse par le compte 78725.

Fiche 32 — Dépréciations et cessions d'immobilisations

À chaque clôture, l'entreprise apprécie s'il existe un indice de perte de valeur. Si la valeur actuelle, définie comme la plus élevée de la valeur vénale et de la valeur d'usage, devient notablement inférieure à la valeur nette comptable, une dépréciation est constatée.

Comptabilisation de la dépréciation

- Dotation : débit 6816 Dotations aux dépréciations des immobilisations, crédit 291 ou 290.
- Reprise : débit 291, crédit 7816.
- La dépréciation modifie la base amortissable pour les exercices suivants.

La cession d'immobilisation

La cession se traduit par trois écritures successives :

- Constatation du prix de cession : débit 462 Créances sur cessions d'immobilisations ou 512, crédit 775 Produits des cessions d'éléments d'actif, crédit 44571 pour la TVA due le cas échéant.
- Complément d'amortissement de la date d'ouverture à la date de cession : débit 6811, crédit 281.
- Sortie de l'actif : débit 281 pour le cumul des amortissements, débit 675 Valeurs comptables des éléments d'actif cédés pour la valeur nette comptable, crédit 21x pour la valeur brute.
- Reprise éventuelle de la dépréciation devenue sans objet.

Résultat de cession

Le résultat de cession est la différence entre le compte 775 et le compte 675. Il apparaît en résultat exceptionnel. La TVA est due sur la cession d'un bien ayant ouvert droit à déduction ; une régularisation de TVA peut être exigée en cas de cession d'un immeuble avant l'expiration du délai de régularisation de vingt ans, ou d'un autre bien d'investissement dans le délai de cinq ans.

Fiche 33 — Valeurs mobilières de placement et opérations financières

Les valeurs mobilières de placement sont des titres acquis en vue de réaliser un gain à brève échéance. Elles figurent en classe 50 : 503 Actions, 506 Obligations, 508 Autres valeurs mobilières.

Acquisition

Les titres sont enregistrés au coût d'acquisition, hors frais. Depuis le règlement ANC applicable, les frais d'acquisition peuvent, sur option, être incorporés au coût ou comptabilisés en charges au compte 627 Services bancaires ; l'option retenue s'applique de manière permanente.

Évaluation à la clôture

- Titres cotés : valeur d'inventaire égale au cours moyen du dernier mois.
- Titres non cotés : valeur probable de négociation.
- Une moins-value latente donne lieu à une dépréciation : débit 68665, crédit 590 Dépréciations des valeurs mobilières de placement. Les plus-values latentes ne sont pas comptabilisées, en application du principe de prudence, et ne peuvent compenser les moins-values, sauf exception pour des titres de même nature conférant les mêmes droits.

Cession

- Prix de cession supérieur au coût d'entrée : produit net enregistré au crédit du compte 767 Produits nets sur cessions de valeurs mobilières de placement.
- Prix inférieur : charge nette au débit du compte 667.
- Les revenus des titres sont enregistrés en 764 Revenus des valeurs mobilières de placement.
- La dépréciation antérieure est reprise au compte 7866.

Fiche 34 — Les stocks : inventaire et valorisation

Le stock est constitué des actifs détenus pour être vendus dans le cours normal de l'activité, en cours de production, ou destinés à être consommés dans le processus de production. Il est évalué au coût d'acquisition pour les biens achetés et au coût de production pour les biens produits.

La méthode de l'inventaire intermittent

Le PCG retient l'inventaire intermittent pour la comptabilité générale : les achats sont enregistrés en charges au cours de l'exercice, et les stocks ne sont mouvementés qu'à la clôture, en deux temps.

- Annulation du stock initial : débit 603x Variation des stocks, crédit 31, 32, 35 ou 37.
- Constatation du stock final : débit 31, 32, 35 ou 37, crédit 603x.
- Pour les stocks de produits (classe 33, 34, 35), le compte de variation est le compte 713 Variation des stocks de produits, présenté au compte de résultat parmi les produits d'exploitation.

Méthodes de valorisation des sorties

- Coût unitaire moyen pondéré, calculé après chaque entrée ou en fin de période.
- Premier entré, premier sorti (PEPS ou FIFO).
- La méthode du dernier entré, premier sorti est interdite en comptabilité française.

Dépréciation des stocks

Si la valeur actuelle du stock, définie comme la valeur nette de réalisation, est inférieure au coût d'entrée, une dépréciation est constatée : débit 6817 Dotations aux dépréciations des actifs circulants, crédit 39. Les dépréciations sont ajustées à chaque clôture : la dépréciation de l'exercice précédent est intégralement reprise et une nouvelle dépréciation est calculée.

Fiche 35 — Créances douteuses et dépréciations à l'inventaire

À la clôture, l'entreprise apprécie le risque de non-recouvrement de ses créances, créance par créance. Le raisonnement se déroule toujours en trois étapes : reclassement, dépréciation, constatation éventuelle de la perte.

Méthodologie du tableau des créances douteuses

- Colonne 1 : créance toutes taxes comprises et créance hors taxes.
- Colonne 2 : dépréciation existante à l'ouverture.
- Colonne 3 : perte probable estimée sur le montant hors taxes, obtenue en appliquant le pourcentage de perte à la créance hors taxes.
- Colonne 4 : ajustement — dotation si la dépréciation nécessaire est supérieure à l'existante, reprise dans le cas contraire.
- Colonne 5 : créance devenue irrécouvrable dans l'exercice, avec reprise totale de la dépréciation correspondante.

Écritures

- Reclassement : débit 416, crédit 411 pour le montant TTC.
- Dotation : débit 68174, crédit 491.
- Reprise : débit 491, crédit 78174.
- Perte définitive : débit 654 pour le HT, débit 44571 pour la TVA récupérable, crédit 416 pour le TTC.

> *La dépréciation se calcule toujours sur le montant hors taxes, car la TVA est récupérable auprès du Trésor en cas de non-recouvrement définitif.*

Fiche 36 — Régularisation des charges et des produits

Le principe d'indépendance des exercices impose de rattacher à chaque exercice les seules charges et produits qui le concernent. Quatre types de régularisations sont à connaître.

Charges à payer

Charge dont le fait générateur est intervenu avant la clôture mais dont la facture n'est pas parvenue. Écriture : débit du compte de charge concerné, débit 44586 TVA sur factures non parvenues, crédit du compte de tiers rattaché — 408 Fournisseurs — Factures non parvenues, 428 Personnel — Charges à payer, 438 Organismes sociaux — Charges à payer, 448 État — Charges à payer.

Produits à recevoir

Produit acquis à l'exercice mais non encore facturé. Écriture : débit 418 Clients — Produits non encore facturés, crédit du compte de produit, crédit 44587 TVA sur factures à établir.

Charges constatées d'avance

Charge enregistrée qui concerne l'exercice suivant : débit 486 Charges constatées d'avance, crédit du compte de charge, pour le montant hors taxes correspondant à la période postérieure à la clôture. Cas typiques : primes d'assurance, loyers payés d'avance, abonnements.

Produits constatés d'avance

Produit enregistré qui concerne l'exercice suivant : débit du compte de produit, crédit 487 Produits constatés d'avance.

> *Toutes ces écritures sont contre-passées à l'ouverture de l'exercice suivant, ce qui permet de comptabiliser normalement la facture lorsqu'elle arrive.*

Fiche 37 — Provisions pour risques et charges

Une provision pour risques et charges est un passif dont l'échéance ou le montant n'est pas fixé de façon précise. Elle est comptabilisée lorsque l'entreprise a une obligation à l'égard d'un tiers à la clôture, qu'il est probable ou certain qu'elle provoquera une sortie de ressources sans contrepartie au moins équivalente, et que le montant peut être estimé de manière fiable.

Principaux comptes

- 1511 Provisions pour litiges.
- 1512 Provisions pour garanties données aux clients.
- 1515 Provisions pour pertes de change.
- 1518 Autres provisions pour risques.
- 153 Provisions pour pensions et obligations similaires.
- 1572 Provisions pour gros entretien ou grandes révisions.

Comptabilisation

- Dotation d'exploitation : débit 6815, crédit 15x.
- Dotation financière : débit 6865 ; dotation exceptionnelle : débit 6875.
- Reprise : débit 15x, crédit 7815, 7865 ou 7875 selon la nature.

Distinctions à maîtriser

- Provision pour risques et charges : passif, classe 15.
- Dépréciation : correction de la valeur d'un actif, comptes 29, 39, 49, 59.
- Provision réglementée : avantage fiscal, classe 14 (amortissements dérogatoires, provision pour hausse des prix).
- Charge à payer : montant et échéance connus avec précision, comptes 408, 428, 438, 448.

Fiche 38 — Les emprunts et le tableau d'amortissement

L'emprunt indivis est enregistré au crédit du compte 164 Emprunts auprès des établissements de crédit lors de la mise à disposition des fonds. Chaque échéance se décompose en un remboursement de capital, qui diminue la dette, et un intérêt, qui constitue une charge financière.

Écritures

- Encaissement : débit 512, crédit 164.
- Frais de dossier : débit 627 ou, sur option, 4816 Frais d'émission des emprunts étalés sur la durée.
- Échéance : débit 164 pour l'amortissement du capital, débit 661 Charges d'intérêts pour l'intérêt, débit 616 pour l'assurance emprunteur, crédit 512 pour le total.

Le tableau d'amortissement

- Amortissement constant : la fraction de capital remboursée est identique à chaque échéance, l'annuité est décroissante.
- Annuité constante : l'annuité est calculée par la formule $a = C \times i \div (1 - (1 + i)^{-n})$; la part d'intérêt décroît et la part de capital croît.
- In fine : seuls les intérêts sont payés pendant la durée, le capital est remboursé à la dernière échéance.

Intérêts courus non échus

À la clôture, la fraction d'intérêts courue depuis la dernière échéance jusqu'au 31 décembre doit être rattachée à l'exercice : débit 661, crédit 1688 Intérêts courus sur emprunts. L'écriture est contre-passée à l'ouverture de l'exercice suivant. Symétriquement, les intérêts courus sur prêts accordés sont enregistrés au débit du compte 2768 par le crédit du compte 762.

Le compte 164 doit être justifié à la clôture par le tableau d'amortissement de chaque emprunt ; le total des capitaux restant dus doit correspondre au solde comptable. La ventilation entre échéances à moins d'un an, de un à cinq ans et à plus de cinq ans est portée en annexe.

Fiche 39 — Détermination et affectation du résultat

Le résultat de l'exercice est obtenu par différence entre les produits (classe 7) et les charges (classe 6). Il est porté au compte 120 Résultat de l'exercice — bénéfice, ou au compte 129 Résultat de l'exercice — perte.

L'affectation du résultat

L'affectation résulte d'une décision de l'assemblée générale ordinaire, qui doit se tenir dans les six mois de la clôture. Elle obéit à un ordre :

- Apurement du report à nouveau débiteur éventuel (compte 110 ou 119).
- Dotation à la réserve légale : 5 % du bénéfice diminué des pertes antérieures, jusqu'à ce que la réserve atteigne 10 % du capital social (compte 1061).
- Dotation aux réserves statutaires (1063) et aux réserves facultatives (1068).
- Distribution de dividendes aux associés (compte 457 Associés — Dividendes à payer).
- Report à nouveau créditeur du solde (compte 110).

Écriture d'affectation

Compte	Libellé	Débit	Crédit
120	Résultat de l'exercice — bénéfice	X	
1061	Réserve légale		X
1068	Autres réserves		X
457	Associés — Dividendes à payer		X
110	Report à nouveau		X

Cas de la perte

En cas de perte, le compte 129 est soldé par le débit du compte 119 Report à nouveau — solde débiteur, ou par imputation sur les réserves ou sur le report à nouveau créditeur existant. La perte n'est jamais imputée sur le capital social sans décision spécifique de réduction de capital.

Fiche 40 — Le bilan, le compte de résultat et l'annexe

Le bilan présente à gauche l'actif classé par ordre de liquidité croissante et à droite le passif classé par ordre d'exigibilité croissante. L'actif fait apparaître trois colonnes : valeur brute, amortissements et dépréciations, valeur nette.

Structure de l'actif

- Actif immobilisé : immobilisations incorporelles, corporelles, financières.
- Actif circulant : stocks et en-cours, avances et acomptes versés, créances clients et comptes rattachés, autres créances, valeurs mobilières de placement, disponibilités.
- Comptes de régularisation : charges constatées d'avance, charges à répartir, primes de remboursement des obligations, écarts de conversion actif.

Structure du passif

- Capitaux propres : capital, primes, écarts de réévaluation, réserves, report à nouveau, résultat de l'exercice, subventions d'investissement, provisions réglementées.
- Provisions pour risques et charges.
- Dettes : emprunts, dettes fournisseurs, dettes fiscales et sociales, dettes sur immobilisations, autres dettes.
- Comptes de régularisation : produits constatés d'avance, écarts de conversion passif.

Le compte de résultat

Il distingue trois niveaux : le résultat d'exploitation, le résultat financier — dont la somme donne le résultat courant avant impôts —, puis le résultat exceptionnel. Après participation des salariés et impôt sur les bénéfices, on obtient le résultat net de l'exercice.

L'annexe

L'annexe complète et commente le bilan et le compte de résultat. Elle mentionne notamment les règles et méthodes comptables, les dérogations, le tableau des immobilisations et des amortissements, l'état des créances et des dettes, les engagements financiers, les effectifs et les événements postérieurs à la clôture. Une présentation simplifiée ou abrégée est admise pour les petites entreprises, et les micro-entreprises au sens comptable en sont dispensées.

Fiche 41 — Soldes intermédiaires de gestion et ratios

Les soldes intermédiaires de gestion décomposent la formation du résultat et permettent l'analyse de la performance.

Solde	Calcul
Marge commerciale	Ventes de marchandises − coût d'achat des marchandises vendues
Production de l'exercice	Production vendue + production stockée + production immobilisée
Valeur ajoutée	Marge commerciale + production − consommations en provenance de tiers
EBE	Valeur ajoutée + subventions d'exploitation − impôts et taxes − charges de personnel
Résultat d'exploitation	EBE + autres produits − autres charges + reprises − dotations
Résultat courant	Résultat d'exploitation + résultat financier
Résultat net	Résultat courant + résultat exceptionnel − participation − impôt

Ratios usuels

- Taux de marge commerciale : marge commerciale rapportée aux ventes de marchandises hors taxes.
- Taux de valeur ajoutée : valeur ajoutée rapportée au chiffre d'affaires.
- Taux de rentabilité économique : résultat d'exploitation rapporté aux capitaux investis.
- Fonds de roulement net global : ressources stables − emplois stables.
- Besoin en fonds de roulement : actif circulant d'exploitation − passif circulant d'exploitation.
- Trésorerie nette : fonds de roulement − besoin en fonds de roulement.
- Taux d'endettement : dettes financières rapportées aux capitaux propres.

Le seuil de rentabilité

Le seuil de rentabilité est le chiffre d'affaires pour lequel le résultat est nul. Il se calcule en divisant les charges fixes par le taux de marge sur coût variable. Le point mort est la date à laquelle ce seuil est atteint. La marge de sécurité est la différence entre le chiffre d'affaires réalisé et le seuil de rentabilité.

Fiche 42 — Contrôle interne, révision et déontologie

Le contrôle interne est l'ensemble des dispositifs mis en place pour maîtriser les activités, protéger le patrimoine et assurer la fiabilité de l'information comptable. Le comptable assistant y participe au quotidien.

Principes du contrôle interne

- Séparation des fonctions : engagement, exécution, conservation, enregistrement.
- Autorisation préalable des opérations selon des délégations écrites.
- Contrôles réciproques et recoupements automatiques.
- Traçabilité des accès et des modifications.

Les travaux de révision

- Justification de tous les comptes de bilan par un état probant.
- Contrôle de cohérence des comptes de gestion par comparaison pluriannuelle.
- Analyse des variations significatives et recherche d'explication.
- Constitution d'un dossier de travail permanent et d'un dossier annuel.

Déontologie et confidentialité

- Secret professionnel absolu sur les données de l'entreprise, de ses clients et de ses salariés.
- Devoir d'alerte auprès du supérieur hiérarchique en cas d'anomalie ou de soupçon.
- Interdiction de la tenue de comptabilité en profession indépendante (ordonnance n° 45-2138 du 19 septembre 1945, article 20).
- Obligation de vigilance à l'égard du blanchiment pour les professionnels de l'expertise comptable, avec déclaration de soupçon à Tracfin.
- Respect du RGPD dans le traitement des données de paie et des données clients.

Fiche 43 — Les principaux repères sociaux et fiscaux à actualiser

Le référentiel impose une veille permanente. Le candidat doit savoir où trouver l'information à jour plutôt que de mémoriser des montants qui évoluent chaque année.

Sources officielles à connaître

- impots.gouv.fr : espace professionnel, formulaires CA3, CA12, 2065, 2031, notices, BOFiP pour la doctrine administrative.
- urssaf.fr : taux de cotisations, plafond de la sécurité sociale, réduction générale, barèmes des avantages en nature et frais professionnels.
- legifrance.gouv.fr : textes consolidés, codes, arrêtés.
- anc.gouv.fr : règlements de l'Autorité des normes comptables et recueil des normes comptables françaises.
- service-public.fr et entreprendre.service-public.fr : fiches pratiques.
- net-entreprises.fr : dépôt de la DSN et comptes rendus métier.

Repères structurels

- Le plafond mensuel de la sécurité sociale est revalorisé au 1er janvier de chaque année ; le plafond annuel en est le produit par douze.
- Le SMIC est revalorisé au 1er janvier et lors de tout franchissement du seuil d'inflation de 2 % pour les ménages les plus modestes.
- Les seuils de la franchise en base et des régimes d'imposition sont actualisés tous les trois ans, ou par la loi de finances.
- Les taux de TVA relèvent des articles 278 à 281 nonies du Code général des impôts.

> *Conseil de révision : constituer une fiche personnelle des valeurs de l'année en cours (plafond, SMIC, taux de CSG, seuils de régime, seuil des cadeaux) et la vérifier la veille de l'épreuve sur les sites officiels.*

Fiche 44 — Le titre professionnel : organisation et déroulement

Le titre professionnel de comptable assistant est régi par l'arrêté du 28 septembre 2022, publié au Journal officiel du 13 octobre 2022, enregistré au RNCP sous le numéro 37121 au niveau 4, code NSF 314t, code ROME M1203. Il est délivré par le ministère chargé de l'emploi.

Les trois blocs de compétences

- RNCP37121BC01 — Assurer les opérations comptables au quotidien : gestion administrative et comptable des clients, des fournisseurs et des opérations de trésorerie.
- RNCP37121BC02 — Préparer les opérations comptables périodiques : déclaration de TVA, variables et paramètres de paie, tableaux de bord.
- RNCP37121BC03 — Participer aux opérations comptables de fin d'exercice : immobilisations et valeurs mobilières de placement, stocks, créances et dettes d'exploitation, emprunts et affectation du résultat.

Les modalités d'évaluation du titre complet

Épreuve	Durée
Mise en situation professionnelle	4 h 00
Entretien technique	0 h 20
Entretien final	0 h 20
Durée totale pour le candidat	4 h 40

Les évaluations par CCP

- CCP 1 : mise en situation 2 h 00 et entretien technique 0 h 15, soit 2 h 15.
- CCP 2 : mise en situation 1 h 30 et entretien technique 0 h 15, soit 1 h 45.
- CCP 3 : mise en situation 1 h 30 et entretien technique 0 h 15, soit 1 h 45.

Pendant l'épreuve, le candidat dispose d'un accès à une documentation professionnelle papier, numérique ou par Internet, et doit pouvoir imprimer son travail. L'épreuve peut être proposée sous format papier ou numérique.

Fiche 45 — Le dossier professionnel et l'entretien final

Le dossier professionnel est renseigné par le candidat tout au long de son parcours. Il décrit des exemples concrets de pratique professionnelle en lien avec chacune des activités types du référentiel. Il est transmis au jury avec ses annexes et sert de support à l'entretien final.

Rédiger un exemple de pratique professionnelle

- Contexte : entreprise, secteur, taille, période, outils utilisés.
- Situation de travail : nature précise de l'activité réalisée.
- Démarche : étapes suivies, méthode, contrôles effectués.
- Résultat : livrable produit, difficultés rencontrées, corrections apportées.
- Écrire à la première personne du singulier, au passé, en décrivant ce que le candidat a personnellement fait.

L'entretien final

D'une durée de vingt minutes, il porte sur la représentation que le candidat se fait de l'emploi et des comportements professionnels induits : rigueur, respect des délais, confidentialité, capacité à alerter, aptitude au travail en équipe, adaptation aux outils numériques, veille réglementaire. Le jury peut interroger sur les limites de la fonction, notamment l'interdiction d'exercer la tenue de comptabilité à titre indépendant.

Décisions du jury

- Attribution du titre professionnel si toutes les compétences sont maîtrisées.
- Attribution d'un ou plusieurs CCP en cas de maîtrise partielle : le candidat conserve le bénéfice des CCP obtenus et peut se présenter ultérieurement pour les autres.
- En cas d'échec, une nouvelle session peut être présentée. La validation des acquis de l'expérience constitue une voie d'accès à part entière.

Fiche 46 — Méthodologie de l'épreuve pratique

La mise en situation professionnelle place le candidat dans un contexte d'entreprise ou de cabinet et lui demande de traiter plusieurs dossiers dans un temps contraint. La méthode compte autant que la connaissance technique.

Avant de commencer

- Lire l'intégralité du sujet et repérer le nombre de dossiers et leur poids relatif.
- Identifier les annexes utiles à chaque dossier et les numéroter.
- Établir un ordre de traitement : commencer par les dossiers maîtrisés pour sécuriser des points.
- Répartir le temps : environ une minute par point de barème, avec une réserve de vingt minutes pour la relecture.

Pendant le traitement

- Toujours justifier les calculs : un raisonnement juste rapporte des points même si le résultat final est erroné.
- Présenter les écritures avec date, numéros de comptes, libellés et montants équilibrés.
- Arrondir la TVA au centime et vérifier l'équilibre de chaque écriture.
- Ne jamais laisser une question sans réponse : proposer une méthode même partielle.
- Utiliser la documentation autorisée pour vérifier un taux ou un compte plutôt que d'inventer.

Erreurs les plus fréquemment sanctionnées

- Confusion entre montant hors taxes et toutes taxes comprises dans les dépréciations de créances.
- Oubli du prorata temporis sur les amortissements de l'exercice d'acquisition.
- Oubli du complément d'amortissement lors d'une cession.
- Inversion du sens des écritures de variation de stocks.

- Absence de contre-passation des écritures de régularisation.
- Compte de caisse créditeur, compte d'attente non soldé, balance déséquilibrée.

Seconde partie — 500 questions-réponses

BLOC 1 — ASSURER LES OPÉRATIONS COMPTABLES AU QUOTIDIEN

1. Cadre comptable, organisation et pièces justificatives

1. **Quels sont les trois documents qui composent les comptes annuels ?**

   Les comptes annuels comprennent le bilan, le compte de résultat et l'annexe. Ils forment un tout indissociable au sens de l'article L. 123-12 du Code de commerce. Le bilan décrit la situation patrimoniale à la clôture, le compte de résultat récapitule les charges et produits de l'exercice, et l'annexe complète et commente ces deux états par des informations chiffrées et littéraires.

2. **Quel texte constitue aujourd'hui le Plan comptable général ?**

   Le Plan comptable général est codifié par le règlement n° 2014-03 de l'Autorité des normes comptables, homologué par arrêté du 8 septembre 2014 et régulièrement modifié depuis. Il constitue le recueil des normes comptables françaises applicables aux comptes individuels. Il est complété par des règlements ultérieurs de l'ANC et par les avis du Comité d'urgence.

3. **Que signifie le principe de continuité d'exploitation ?**

   Ce principe pose que l'entreprise est présumée poursuivre son activité dans un avenir prévisible. Les actifs sont donc évalués en valeur d'utilité et non en valeur liquidative. Si la continuité est compromise, les comptes doivent être établis en valeurs liquidatives et une information doit figurer en annexe. Ce principe conditionne notamment le calcul des amortissements.

4. **Définissez le principe d'indépendance des exercices.**

   Aussi appelé principe de spécialisation ou de rattachement, il impose de rattacher à chaque exercice les seules charges et produits qui le concernent, indépendamment de leur date de règlement ou de facturation. C'est ce principe qui justifie les écritures de régularisation d'inventaire : charges à payer, produits à recevoir, charges et produits constatés d'avance.

5. **En quoi consiste le principe de prudence ?**

Le principe de prudence conduit à tenir compte des charges et des pertes probables dès qu'elles sont connues, tout en interdisant de comptabiliser les produits et les gains latents. Il fonde les dépréciations et les provisions. Il ne doit pas conduire à la constitution de réserves occultes ou de provisions excessives, qui fausseraient l'image fidèle.

6. **Qu'implique le principe de permanence des méthodes ?**

Les méthodes d'évaluation et de présentation doivent rester identiques d'un exercice à l'autre afin d'assurer la comparabilité des comptes. Un changement de méthode n'est admis que s'il est justifié par un changement exceptionnel de situation ou par une meilleure information. Il doit alors être signalé et chiffré dans l'annexe, avec son incidence sur les résultats.

7. **Que signifie le principe de non-compensation ?**

Aucune compensation ne peut être opérée entre les postes d'actif et de passif du bilan, ni entre les postes de charges et de produits du compte de résultat. Par exemple, un client débiteur et le même client créditeur figurent séparément. De même, les plus-values latentes sur titres ne peuvent compenser les moins-values, sauf exception limitée.

8. **Qu'est-ce que le principe d'intangibilité du bilan d'ouverture ?**

Le bilan d'ouverture d'un exercice doit correspondre exactement au bilan de clôture de l'exercice précédent. Aucune correction ne peut être imputée directement sur les capitaux propres d'ouverture, sauf cas expressément prévus comme un changement de méthode comptable. Ce principe assure la continuité de l'information comptable dans le temps.

9. **Quelle est la durée de conservation des documents comptables ?**

Le Code de commerce impose la conservation des livres et registres comptables ainsi que des pièces justificatives pendant dix ans à compter de la clôture de l'exercice. Le Livre des procédures fiscales impose six ans pour les documents servant de base au contrôle. En pratique, la durée la plus longue s'applique, soit dix ans.

10. Quels sont les livres comptables obligatoires ?

Le livre-journal enregistre chronologiquement toutes les opérations, et le grand-livre les ventile par compte. Le livre d'inventaire, qui reprenait les comptes annuels et l'inventaire, n'est plus obligatoire pour les exercices ouverts à compter du 1er janvier 2016. Ces livres peuvent être tenus sous forme électronique dès lors que les conditions d'inaltérabilité sont respectées.

11. Qu'est-ce que le fichier des écritures comptables ?

Le FEC est un fichier normalisé que toute entreprise tenant sa comptabilité de manière informatisée doit remettre à l'administration en cas de vérification de comptabilité. Sa structure est fixée par l'article A. 47 A-1 du Livre des procédures fiscales et comporte dix-huit champs obligatoires, dont le code journal, la date, le numéro de compte, le libellé, le débit et le crédit.

12. Quels sont les journaux auxiliaires les plus courants ?

On distingue habituellement le journal des achats, le journal des ventes, le journal de banque, le journal de caisse, le journal des opérations diverses et le journal des à-nouveaux. Cette organisation permet la saisie par nature d'opération et la répartition du travail. Les journaux auxiliaires sont ensuite centralisés dans le livre-journal.

13. Qu'appelle-t-on le chemin de révision ?

Le chemin de révision, ou piste d'audit, est la possibilité de remonter de toute écriture à sa pièce justificative, et inversement de toute pièce à son enregistrement. Il repose sur une numérotation continue des écritures et des pièces. Son absence rend la comptabilité contestable et peut entraîner le rejet de celle-ci par l'administration fiscale.

14. Comment se compose un numéro de compte dans le PCG ?

Le plan de comptes est décimal : le premier chiffre indique la classe, le deuxième le compte principal, les suivants apportant un niveau de détail croissant. Ainsi, 4 désigne les comptes de tiers, 41 les clients, 411 les clients ordinaires, 4111 un sous-compte de client. Les entreprises peuvent créer des subdivisions adaptées à leurs besoins.

15. Que signifie la présence d'un 9 en deuxième position dans un numéro de compte ?

Le 9 en deuxième position indique un compte fonctionnant en sens contraire de sa classe d'origine. Ainsi le compte 609 Rabais, remises et ristournes obtenus sur achats est un compte de charge à solde créditeur, le compte 709 est un compte de produit à solde débiteur, et le compte 419 Clients créditeurs figure au passif.

16. Quelle différence existe-t-il entre la balance générale et le grand-livre ?

Le grand-livre présente le détail des mouvements de chaque compte, écriture par écriture. La balance générale est un état de synthèse qui reprend, pour chaque compte, les totaux des débits et des crédits ainsi que le solde. La balance permet de vérifier l'équilibre de la comptabilité et sert de base à l'établissement des comptes annuels.

17. Quelles égalités doit vérifier une balance générale ?

Le total des mouvements débiteurs doit être égal au total des mouvements créditeurs, et le total des soldes débiteurs égal au total des soldes créditeurs. Ces égalités découlent du principe de la partie double. Elles ne garantissent toutefois pas l'exactitude des imputations : une écriture équilibrée mais mal imputée ne sera pas détectée par ce contrôle.

18. Qu'est-ce que la balance âgée ?

La balance âgée est un état qui ventile les soldes des comptes clients ou fournisseurs selon l'ancienneté des échéances : non échu, échu depuis moins de trente jours, de trente à soixante jours, et ainsi de suite. Elle constitue l'outil de pilotage du recouvrement et sert de base à l'appréciation du risque d'impayé à la clôture.

19. Quelles sont les mentions obligatoires d'une facture entre professionnels ?

La facture mentionne la date d'émission, un numéro unique séquentiel, l'identité et l'adresse du vendeur et du client, le numéro de TVA intracommunautaire du vendeur, la désignation et la quantité des biens ou services, le prix unitaire hors taxes, les réductions acquises, le taux et le montant de TVA, les totaux HT et TTC, la date de règlement, les conditions d'escompte, le taux des pénalités de retard et l'indemnité forfaitaire de recouvrement de 40 euros.

20. Quel est le montant de l'indemnité forfaitaire pour frais de recouvrement ?

L'indemnité forfaitaire pour frais de recouvrement est fixée à 40 euros par facture payée en retard, en application de l'article L. 441-10 du Code de commerce. Elle est due de plein droit, sans mise en demeure préalable. Elle doit obligatoirement figurer sur les factures et les conditions générales de vente, et s'ajoute aux pénalités de retard.

21. Qu'est-ce que la facturation électronique obligatoire ?

Il s'agit de l'obligation, prévue par l'article 26 de la loi de finances pour 2024, d'émettre et de recevoir les factures entre assujettis établis en France sous format électronique structuré, via des plateformes agréées. Toutes les entreprises devront être en capacité de recevoir des factures électroniques au 1er septembre 2026, l'obligation d'émission étant échelonnée jusqu'au 1er septembre 2027 pour les PME.

22. Quels sont les formats socles retenus pour la facturation électronique

Trois formats socles ont été retenus : Factur-X, format hybride associant un fichier PDF lisible et des données XML structurées ; UBL, format XML normalisé largement utilisé en Europe ; et CII, format XML de la norme européenne EN 16931. Une simple facture PDF non structurée ne satisfera plus à l'obligation d'émission.

23. Que doit vérifier le comptable assistant avant de comptabiliser une facture fournisseur ?

Il contrôle la présence et l'exactitude des mentions obligatoires, la concordance entre la facture, le bon de commande et le bon de livraison, la justesse des prix et des remises négociées, l'exactitude arithmétique des totaux et de la TVA, ainsi que l'absence de double enregistrement. Il vérifie également la validité du numéro de TVA intracommunautaire pour les opérations européennes.

24. Quelles sont les conséquences d'une facture non conforme sur la TVA

Une facture ne comportant pas les mentions obligatoires peut entraîner la remise en cause du droit à déduction de la TVA chez le client. L'administration admet toutefois une régularisation par la production d'une facture rectificative avant la mise en recouvrement. Le défaut de facturation est en outre sanctionné par une amende fiscale par facture manquante ou inexacte.

25. À quoi servent les comptes d'attente 471 à 475 ?

Ils permettent d'enregistrer provisoirement une opération dont l'imputation définitive n'est pas encore déterminée, par exemple un virement bancaire non identifié. Leur usage doit être exceptionnel et de courte durée. Ils doivent impérativement être soldés avant l'établissement des comptes annuels, faute de quoi la comptabilité est irrégulière et exposée à un rejet.

26. Qu'est-ce que le lettrage d'un compte de tiers ?

Le lettrage consiste à associer, dans un compte de tiers, les écritures de débit et de crédit qui se compensent, au moyen d'une lettre ou d'un code. Après lettrage, seules subsistent en clair les opérations non soldées. C'est l'outil de base du suivi des factures impayées côté clients et des factures à régler côté fournisseurs.

27. Qu'est-ce qu'un lettrage partiel ?

Le lettrage partiel intervient lorsqu'un règlement ne couvre qu'une fraction de la facture, ou lorsqu'une facture est réglée en plusieurs fois. Le logiciel identifie alors la partie soldée et laisse apparaître le reliquat. Il permet de conserver la traçabilité des règlements successifs tout en identifiant précisément le montant restant dû.

28. Comment traiter un compte client présentant un solde créditeur à la clôture ?

Un solde créditeur au compte 411 traduit un trop-perçu ou un acompte reçu. Il doit être reclassé au passif du bilan par une écriture de virement au compte 4191 Clients — Avances et acomptes reçus sur commandes, ou 419 Clients créditeurs. Cette opération est imposée par le principe de non-compensation entre actif et passif.

29. Comment traiter un compte fournisseur présentant un solde débiteur

Un solde débiteur au compte 401 traduit une avance versée ou un avoir non encore imputé. Il est reclassé à l'actif du bilan par virement au compte 4091 Fournisseurs — Avances et acomptes versés sur commandes, ou 409 Fournisseurs débiteurs. Le reclassement est contre-passé à l'ouverture de l'exercice suivant.

30. Quelle est la différence entre un bon de commande et un bon de livraison ?

Le bon de commande formalise l'engagement d'achat et récapitule les références, quantités, prix et conditions négociées. Le bon de livraison accompagne la marchandise et atteste de la remise effective ; il est signé par le réceptionnaire avec réserves éventuelles. Le rapprochement des deux documents avec la facture constitue le contrôle en trois points.

31. Qu'appelle-t-on rapprochement en trois points ?

Il s'agit du contrôle croisé entre le bon de commande, le bon de livraison ou de réception et la facture fournisseur. Il vérifie que ce qui est facturé correspond bien à ce qui a été commandé et effectivement reçu, tant en quantité qu'en prix. C'est le contrôle préventif essentiel contre les erreurs et la fraude au faux fournisseur.

32. Qu'est-ce que la fraude au faux fournisseur ?

Elle consiste, pour un escroc, à se faire passer pour un fournisseur habituel et à demander la modification des coordonnées bancaires afin de détourner les règlements. La prévention repose sur une procédure écrite : toute demande de changement de RIB fait l'objet d'un rappel au numéro de téléphone connu du fournisseur, et d'une validation par une seconde personne.

33. Quels sont les principes du contrôle interne applicables au cycle achats

La séparation des fonctions impose que la personne qui commande ne soit pas celle qui réceptionne, ni celle qui comptabilise, ni celle qui paie. Les délégations de signature sont écrites et limitées en montant. Les paiements sont validés par deux personnes. Les habilitations informatiques sont nominatives et revues périodiquement.

34. Qu'est-ce qu'un progiciel de gestion intégré ?

Un PGI, ou ERP, est un logiciel unique gérant l'ensemble des processus de l'entreprise à partir d'une base de données commune : achats, ventes, stocks, production, comptabilité, paie. Une saisie unique alimente automatiquement tous les modules, ce qui réduit les ressaisies et les erreurs, tout en imposant une grande rigueur dans le paramétrage.

35. Quelles conditions doit remplir un logiciel de comptabilité ou de caisse

L'article 286-I-3° bis du Code général des impôts impose aux assujettis enregistrant des règlements de clients particuliers d'utiliser un logiciel satisfaisant aux conditions d'inaltérabilité, de sécurisation, de conservation et d'archivage des données. La conformité est justifiée par un certificat d'un organisme accrédité ou une attestation individuelle de l'éditeur, sous peine d'amende.

36. La numérisation des factures papier est-elle autorisée ?

Oui. L'arrêté du 22 mars 2017, complété par l'arrêté du 23 mai 2019, autorise la conservation sous forme électronique des factures papier, à condition que la numérisation reproduise la facture à l'identique, sans retouche, et qu'elle soit assortie d'une empreinte numérique, d'une signature électronique ou d'un horodatage garantissant l'intégrité du document.

37. Que prévoit le RGPD pour la comptabilité et la paie ?

Le règlement général sur la protection des données impose de limiter la collecte aux données nécessaires, d'informer les personnes concernées, de définir des durées de conservation, de sécuriser les accès et de tenir un registre des traitements. Les données de paie, particulièrement sensibles, doivent être accessibles aux seules personnes habilitées et conservées cinq ans pour les bulletins.

38. Quel est le rôle du compte 580 Virements internes ?

Le compte 580 est un compte de passage utilisé lors des transferts entre comptes de trésorerie, par exemple d'un compte bancaire vers la caisse ou entre deux banques. Il évite les doubles enregistrements lorsque les deux mouvements sont saisis dans des journaux distincts. Il doit être soldé après chaque opération et obligatoirement à la clôture.

39. Que représente le compte 108 Compte de l'exploitant ?

Dans une entreprise individuelle, le compte 108 enregistre les apports et les prélèvements personnels de l'exploitant. Un prélèvement le débite, un apport le crédite. À la clôture, son solde est viré au compte 101 Capital individuel. Il ne s'agit ni d'une charge ni d'un produit : ces mouvements n'affectent pas le résultat.

40. Quelle distinction faire entre comptabilité générale et comptabilité de gestion ?

La comptabilité générale, obligatoire et normalisée, s'adresse aux tiers et aboutit aux comptes annuels ; elle classe les charges par nature. La comptabilité de gestion, facultative et libre, s'adresse aux dirigeants ; elle analyse les coûts par destination et alimente les tableaux de bord. Les deux se nourrissent des mêmes données de base.

41. Quelle est l'écriture type d'une vente de marchandises à crédit ?

On débite le compte 411 Clients pour le montant toutes taxes comprises, on crédite le compte 707 Ventes de marchandises pour le montant hors taxes et le compte 44571 TVA collectée pour le montant de la taxe. L'écriture est passée au journal des ventes à la date de la facture, avec référence au numéro de facture.

42. Quelle différence existe-t-il entre les comptes 701, 706 et 707 ?

Le compte 701 enregistre les ventes de produits finis fabriqués par l'entreprise, le compte 706 les prestations de services, et le compte 707 les ventes de marchandises revendues en l'état sans transformation. Le choix du compte détermine notamment le calcul de la marge commerciale et de la production de l'exercice dans les soldes intermédiaires de gestion.

43. Comment comptabiliser un port facturé au client ?

Lorsque le transport est assuré par l'entreprise avec ses propres moyens ou refacturé forfaitairement, le port est un produit accessoire enregistré au crédit du compte 7085 Ports et frais accessoires facturés. Il supporte le taux de TVA de la vente principale dont il constitue un élément du prix. Il figure sur la facture avant le calcul de la TVA.

44. Qu'est-ce qu'un rabais ?

Le rabais est une réduction commerciale à caractère exceptionnel, accordée en raison d'un défaut de qualité du produit, d'une non-conformité à la commande ou d'un retard de livraison. Il ne se justifie que par un incident. Sur une facture initiale, il n'est jamais comptabilisé séparément : seul le net commercial figure en compte de produit.

45. Qu'est-ce qu'une remise ?

La remise est une réduction commerciale habituelle, accordée en considération de l'importance de la commande, de la fidélité ou de la qualité du client. Elle est fréquemment exprimée en pourcentage du prix brut. Comme le rabais, elle ne fait l'objet d'aucune écriture distincte lorsqu'elle figure sur la facture initiale.

46. Qu'est-ce qu'une ristourne ?

La ristourne est une réduction commerciale calculée sur le volume d'affaires réalisé avec un client sur une période déterminée, souvent l'année. Elle est donc nécessairement accordée après coup, par facture d'avoir. Elle est enregistrée au débit du compte 709 Rabais, remises et ristournes accordés par l'entreprise chez le vendeur.

47. Qu'est-ce qu'un escompte de règlement ?

L'escompte de règlement est une réduction financière accordée à un client qui paie avant l'échéance normale ou au comptant. Contrairement aux réductions commerciales, il est toujours comptabilisé séparément, même lorsqu'il figure sur la facture initiale : au débit du compte 665 Escomptes accordés chez le vendeur, au crédit du compte 765 Escomptes obtenus chez le client.

48. Dans quel ordre s'appliquent les réductions sur une facture ?

On applique d'abord les réductions commerciales, en cascade, chacune se calculant sur le net obtenu à l'étape précédente : brut moins rabais donne le net commercial 1, puis moins remise donne le net commercial 2. On applique ensuite l'escompte sur ce dernier net, ce qui donne le net financier. La TVA se calcule sur ce net financier majoré du port.

49. L'escompte de règlement réduit-il la base de TVA ?

Oui. Lorsque l'escompte est accordé sur la facture initiale, la base d'imposition à la TVA est le net financier, c'est-à-dire le prix diminué de l'escompte. Si l'escompte est accordé postérieurement, il donne lieu à un avoir avec régularisation de la TVA, sous réserve que le client soit informé qu'il doit réduire sa déduction.

50. Qu'est-ce qu'une facture d'avoir ?

La facture d'avoir constate une diminution de la créance sur le client, à la suite d'un retour de marchandises, d'une réduction hors facture, d'une erreur de facturation ou d'un rabais consenti après coup. Elle comporte les mêmes mentions obligatoires que la facture initiale, à laquelle elle fait expressément référence, et suit la même numérotation séquentielle.

51. Comment comptabiliser un avoir pour retour de marchandises chez le vendeur ?

L'écriture est la contre-passation de la vente : on débite le compte 707 Ventes de marchandises pour le montant hors taxes et le compte 44571 TVA collectée pour la taxe, et on crédite le compte 411 Clients pour le montant toutes taxes comprises. Le stock est éventuellement rectifié à l'inventaire.

52. Comment comptabiliser un avoir pour ristourne chez le vendeur ?

On débite le compte 709 Rabais, remises et ristournes accordés par l'entreprise pour le montant hors taxes et le compte 44571 TVA collectée pour la taxe, en créditant le compte 411 Clients pour le total toutes taxes comprises. Le compte 709 est un compte de produit fonctionnant en sens inverse, à solde débiteur.

53. Comment traiter un acompte reçu d'un client ?

L'acompte est enregistré au débit du compte 512 Banque et au crédit du compte 4191 Clients — Avances et acomptes reçus sur commandes, ainsi qu'au crédit du compte 44571 pour la TVA exigible. Lors de l'établissement de la facture définitive, l'acompte est imputé par le débit du compte 4191 et la TVA correspondante régularisée.

54. La TVA est-elle exigible sur un acompte pour une livraison de biens ?

Oui, depuis le 1er janvier 2023. Auparavant, la TVA sur les livraisons de biens n'était exigible qu'à la délivrance. Désormais, l'encaissement d'un acompte rend la TVA exigible à hauteur du montant encaissé, comme pour les prestations de services. Cette règle résulte de l'article 269 du Code général des impôts modifié par la loi de finances pour 2022.

55. Comment se comptabilise une livraison intracommunautaire de biens

La vente est exonérée de TVA française. On débite le compte 411 Clients pour le montant hors taxes et on crédite le compte 707 pour le même montant, sans

TVA collectée. La facture porte la mention « Exonération de TVA, article 262 ter I du CGI » et doit mentionner le numéro de TVA intracommunautaire du client.

56. Quelles conditions permettent l'exonération d'une livraison intracommunautaire ?

Le vendeur doit être assujetti, l'acquéreur doit être assujetti ou personne morale non assujettie identifiée à la TVA dans un autre État membre, le bien doit être expédié ou transporté hors de France, et le vendeur doit disposer d'un numéro de TVA du client valide dans la base VIES ainsi que d'une preuve du transport. L'état récapitulatif TVA doit également être déposé.

57. Comment comptabiliser une exportation hors Union européenne ?

L'exportation est exonérée de TVA en application de l'article 262 I du Code général des impôts. L'écriture est identique à une vente française sans TVA : débit 411, crédit 707 ou 701. L'exonération est justifiée par la déclaration en douane d'exportation validée, conservée à l'appui de la facture.

58. Qu'est-ce que l'état récapitulatif TVA ?

Depuis le 1er janvier 2022, l'état récapitulatif TVA a remplacé le volet fiscal de la déclaration d'échanges de biens. Il recense mensuellement, par client et par numéro de TVA intracommunautaire, le montant des livraisons intracommunautaires réalisées. Il est déposé auprès de la douane et conditionne l'exonération. L'enquête statistique EMEBI a repris le volet statistique.

59. Comment est valorisée une créance libellée en devises à la clôture ?

La créance est convertie au cours de clôture. La différence avec la valeur d'origine est enregistrée en compte 476 Différences de conversion — Actif si elle correspond à une perte latente, ou en 477 Différences de conversion — Passif si elle correspond à un gain latent. La perte latente donne lieu à une provision pour perte de change au compte 1515.

60. Qu'est-ce que la balance âgée clients et à quoi sert-elle ?

La balance âgée classe les créances clients par tranches d'ancienneté par rapport à leur date d'échéance. Elle permet de cibler les relances, de mesurer le délai moyen de règlement et d'identifier les créances à risque à la clôture. Elle constitue la base de travail pour la constatation des créances douteuses et le calcul des dépréciations.

61. Quelles sont les étapes du recouvrement amiable ?

On commence par une relance téléphonique ou par courriel dès le lendemain de l'échéance, puis par une lettre de rappel, puis par une mise en demeure adressée en recommandé avec accusé de réception. La mise en demeure fait courir les intérêts de retard et constitue une preuve indispensable en cas de procédure judiciaire ultérieure.

62. Quelles sont les voies de recouvrement judiciaire ?

L'injonction de payer permet d'obtenir rapidement un titre exécutoire sur requête, sans audience contradictoire. Le référé provision permet d'obtenir une provision lorsque la créance n'est pas sérieusement contestable. L'assignation au fond est nécessaire en cas de litige réel. Le recouvrement forcé est ensuite confié à un commissaire de justice.

63. Quel est le délai de prescription des créances commerciales ?

Entre commerçants, ou entre commerçants et non-commerçants, les obligations nées à l'occasion de leur commerce se prescrivent par cinq ans, en application de l'article L. 110-4 du Code de commerce. Les créances des professionnels sur les consommateurs pour les biens et services fournis se prescrivent par deux ans, selon l'article L. 218-2 du Code de la consommation.

64. Quand faut-il reclasser une créance en compte 416 ?

Le reclassement intervient dès qu'un risque de non-recouvrement apparaît : incident de paiement répété, contestation sérieuse, procédure de sauvegarde, redressement ou liquidation judiciaire du client. La créance est virée du compte 411 au compte 416 Clients douteux ou litigieux pour son montant toutes taxes comprises, sans effet sur le résultat.

65. Sur quel montant se calcule la dépréciation d'une créance douteuse ?

La dépréciation se calcule exclusivement sur le montant hors taxes de la créance, car la TVA collectée pourra être récupérée auprès du Trésor si la créance devient définitivement irrécouvrable. Appliquer le pourcentage de perte probable au montant toutes taxes comprises est l'erreur la plus fréquemment sanctionnée lors des épreuves.

66. Quelle est l'écriture de dotation à la dépréciation des créances ?

On débite le compte 68174 Dotations aux dépréciations des créances de l'actif circulant et on crédite le compte 491 Dépréciations des comptes de clients. La dotation constitue une charge d'exploitation qui vient diminuer le résultat, en application du principe de prudence. La dépréciation figure en diminution du poste clients à l'actif du bilan.

67. Comment ajuster une dépréciation existante à la clôture ?

On compare la dépréciation nécessaire à la dépréciation figurant au bilan d'ouverture. Si la dépréciation nécessaire est supérieure, on constate un complément de dotation au compte 68174. Si elle est inférieure, on constate une reprise au crédit du compte 78174 Reprises sur dépréciations. Seul l'ajustement est comptabilisé, jamais le montant total.

68. Quelle est l'écriture d'une créance devenue irrécouvrable ?

On débite le compte 654 Pertes sur créances irrécouvrables pour le montant hors taxes, le compte 44571 TVA collectée pour la taxe récupérée, et on crédite le compte 416 Clients douteux pour le montant toutes taxes comprises. La dépréciation antérieurement constituée est intégralement reprise par le crédit du compte 78174.

69. À quelle condition la TVA sur créance irrécouvrable est-elle récupérable ?

La récupération suppose que le caractère irrécouvrable soit établi, notamment par un certificat d'irrécouvrabilité du mandataire judiciaire ou un procès-verbal de carence. Le créancier doit adresser au débiteur un duplicata de la facture initiale portant la mention réglementaire indiquant que l'opération est résiliée ou impayée et que la TVA ne peut faire l'objet d'une déduction.

70. Quelle différence entre créance douteuse et créance irrécouvrable ?

La créance douteuse présente un risque de non-recouvrement mais reste juridiquement due : elle est maintenue à l'actif et fait l'objet d'une dépréciation. La créance irrécouvrable est définitivement perdue : elle sort du bilan et devient une charge par le compte 654. Le passage de l'une à l'autre suppose la preuve du caractère définitif de la perte.

71. Comment comptabiliser des pénalités de retard facturées à un client ?

Les pénalités de retard sont enregistrées au crédit du compte 763 Revenus des autres créances ou 7581 selon le plan de comptes retenu, par le débit du compte 411. Elles ne sont pas soumises à la TVA car elles ont un caractère indemnitaire. Fiscalement, elles sont imposables lors de leur encaissement effectif et non lors de leur facturation.

72. Qu'est-ce qu'un effet de commerce ?

C'est un titre négociable constatant l'existence d'une créance à court terme et permettant son paiement à une échéance déterminée. La lettre de change est créée par le créancier et acceptée par le débiteur ; le billet à ordre est souscrit directement par le débiteur. L'effet peut être encaissé, escompté ou endossé au profit d'un tiers.

73. Quelle est l'écriture de création d'une lettre de change chez le tireur ?

On débite le compte 413 Clients — Effets à recevoir et on crédite le compte 411 Clients pour le montant nominal de l'effet. Cette écriture ne modifie ni le résultat ni le total du bilan : elle traduit un simple changement de nature de la créance, désormais matérialisée par un titre négociable.

74. Quelle est l'écriture de remise à l'encaissement d'un effet ?

On débite le compte 5113 Effets à l'encaissement et on crédite le compte 413 Clients — Effets à recevoir. À réception de l'avis de crédit, on débite le compte

512 pour le net, le compte 627 pour la commission et le compte 44566 pour la TVA sur commission, en créditant le compte 5113 pour le nominal.

75. En quoi consiste l'escompte d'un effet de commerce ?

L'escompte consiste à céder l'effet à la banque avant son échéance, moyennant un intérêt calculé sur la durée restant à courir et une commission. L'entreprise reçoit immédiatement le net d'escompte. La banque devient porteur de l'effet, mais l'entreprise reste garante en cas d'impayé : l'engagement figure en annexe.

76. Quelle est l'écriture de réception du net d'escompte ?

On débite le compte 512 Banque pour le net reçu, le compte 661 Charges d'intérêts pour l'intérêt d'escompte, le compte 627 Services bancaires pour la commission et le compte 44566 pour la TVA sur commission ; on crédite le compte 5114 Effets à l'escompte pour le montant nominal de l'effet.

77. Comment traiter un effet impayé à l'échéance ?

La banque contre-passe l'opération et débite le compte de l'entreprise. Celle-ci reprend la créance à son compte : débit du compte 411 ou 416 pour le nominal augmenté des frais réclamés au client, crédit du compte 512 pour le montant nominal et des frais, et crédit du compte 7581 pour la refacturation des frais.

78. Qu'est-ce que la prorogation d'un effet ?

La prorogation est le report de l'échéance d'un effet à la demande du tiré. L'effet initial est annulé par contre-passation, puis un nouvel effet est créé pour une échéance ultérieure, éventuellement majoré d'intérêts de retard. Ces intérêts sont enregistrés en produits financiers au compte 763 chez le tireur.

79. Qu'est-ce que l'endossement d'un effet ?

L'endossement consiste à transmettre l'effet à un tiers, généralement un fournisseur, par une signature au dos du titre. Chez l'entreprise, l'écriture est un débit du compte 401 Fournisseurs et un crédit du compte 413 Clients — Effets à recevoir. L'endosseur reste garant du paiement en cas de défaillance du tiré.

80. Qu'est-ce que l'affacturage ?

L'affacturage est une opération par laquelle une entreprise cède ses créances commerciales à un établissement spécialisé, le factor, qui en assure le recouvrement et, selon le contrat, garantit le risque d'impayé. L'entreprise reçoit le montant des créances diminué d'une commission et d'un fonds de garantie. Le compte 411 est soldé au profit d'un compte de tiers dédié.

81. Qu'est-ce qu'une consignation d'emballages ?

La consignation est la remise d'emballages récupérables au client contre le versement d'une somme restituée au retour. Chez le vendeur, on débite le compte 411 et on crédite le compte 4196 Clients — Dettes sur emballages et matériels consignés. L'opération n'est pas soumise à la TVA lorsque la consignation est facturée au prix coûtant.

82. Comment comptabiliser le retour d'emballages consignés au même prix ?

On débite le compte 4196 Clients — Dettes sur emballages et matériels consignés et on crédite le compte 411 Clients pour le prix de consignation initial. L'opération est parfaitement neutre : elle n'engendre ni produit ni charge, et solde la dette née lors de la consignation.

83. Comment comptabiliser un mali sur emballages chez le vendeur ?

Lorsque l'emballage est repris à un prix inférieur au prix de consignation, la différence constitue un produit pour le vendeur. On débite le compte 4196 pour le prix de consignation, on crédite le compte 411 pour le prix de reprise, on crédite le compte 7088 pour le mali hors taxes et le compte 44571 pour la TVA correspondante.

84. Que devient une consignation lorsque le client conserve l'emballage ?

La consignation se transforme en vente d'emballage. On débite le compte 4196 pour solder la dette et on crédite le compte 707 ou 7088 pour le prix hors taxes ainsi que le compte 44571 pour la TVA. La cession devient donc une opération soumise à la TVA au taux applicable à l'emballage.

85. Comment comptabiliser une vente avec paiement par carte bancaire ?

Le règlement transite par un compte d'attente : on débite le compte 5115 Cartes bancaires à encaisser et on crédite le compte 411 ou directement le compte de produit pour une vente au comptant. À réception de l'avis de crédit, on débite le compte 512 et le compte 627 pour la commission, en créditant le compte 5115.

86. Comment traiter une remise de chèques à l'encaissement ?

À la remise, on débite le compte 5112 Chèques à encaisser et on crédite le compte 411 Clients pour le montant des chèques figurant sur le bordereau. Lorsque la banque crédite le compte, on débite le compte 512 et on crédite le compte 5112. Ce compte de transit doit être soldé à la clôture.

87. Qu'est-ce qu'un chèque impayé et comment le comptabiliser ?

Un chèque impayé est un chèque rejeté par la banque du tireur, faute de provision ou pour opposition. La banque contre-passe l'écriture. L'entreprise débite à nouveau le compte 411 ou 416 pour le montant du chèque et pour les frais de rejet refacturés, en créditant le compte 512 et le compte 7581 pour les frais.

88. Quelles conditions permettent de considérer une vente comme réalisée

La vente est réalisée, et donc comptabilisée en produit, lorsque le transfert de propriété et des risques est effectif, ce qui correspond en principe à la livraison du bien, ou à l'achèvement de la prestation pour un service. La facturation, le règlement ou la commande ne suffisent pas à eux seuls à constater le produit.

89. Qu'est-ce qu'une clause de réserve de propriété ?

La clause de réserve de propriété suspend le transfert de propriété jusqu'au paiement intégral du prix. Elle doit être stipulée par écrit et acceptée avant la livraison. Elle n'a aucune incidence sur la date de comptabilisation du produit, mais elle permet au vendeur de revendiquer la marchandise en cas de procédure collective du client.

90. Comment comptabiliser une facture à établir à la clôture ?

Lorsque la prestation est réalisée ou le bien livré avant la clôture sans que la facture ait été émise, on constate un produit à recevoir : débit du compte 418 Clients — Produits non encore facturés pour le montant toutes taxes comprises, crédit du compte de produit pour le hors taxes et crédit du compte 44587 TVA sur factures à établir.

91. Quelle information l'annexe doit-elle donner sur les créances ?

L'annexe comporte un état des créances ventilant les montants selon leur degré d'exigibilité : à un an au plus, à plus d'un an. Elle mentionne également les créances faisant l'objet d'une garantie, les créances sur les entreprises liées et le montant des dépréciations constituées avec leur mouvement au cours de l'exercice.

3. Gestion administrative et comptable des fournisseurs

92. Quelle est l'écriture type d'un achat de marchandises à crédit ?

On débite le compte 607 Achats de marchandises pour le montant hors taxes et le compte 44566 TVA déductible sur autres biens et services pour la taxe, en créditant le compte 401 Fournisseurs pour le montant toutes taxes comprises. L'écriture est passée au journal des achats à la date de la facture.

93. Quels sont les principaux comptes d'achats du PCG ?

Le compte 601 enregistre les achats de matières premières, le 602 les autres approvisionnements, le 604 les achats d'études et prestations de services, le 605 les achats de matériel et équipements, le 606 les achats non stockés comme l'énergie et les fournitures administratives, et le 607 les achats de marchandises destinées à la revente en l'état.

94. Quelle différence entre le compte 606 et le compte 607 ?

Le compte 606 regroupe les achats non stockés de matières et fournitures : électricité, eau, carburant, fournitures d'entretien, fournitures administratives. Le compte 607 enregistre les marchandises achetées pour être revendues en l'état, qui figurent en stock au compte 37. Cette distinction conditionne le calcul de la marge commerciale.

95. Quand un achat doit-il être immobilisé plutôt que passé en charges ?

Lorsque le bien est destiné à servir durablement à l'activité, au-delà d'un exercice, et qu'il répond à la définition d'un actif. L'administration tolère la comptabilisation directe en charges pour le petit matériel, l'outillage, le mobilier et les logiciels dont la valeur unitaire hors taxes n'excède pas 500 euros, à condition que cette pratique soit constante.

96. Comment comptabiliser une facture d'achat comportant une remise ?

La remise figurant sur la facture initiale n'est pas comptabilisée séparément : l'achat est enregistré pour son net commercial au débit du compte 607, la TVA étant calculée sur ce net. Le compte 609 n'est utilisé que pour les réductions commerciales accordées postérieurement, par facture d'avoir.

97. Comment comptabiliser un escompte obtenu sur une facture d'achat ?

L'escompte est toujours comptabilisé séparément, y compris sur la facture initiale. On débite le compte 607 pour le net commercial hors taxes et le compte 44566 pour la TVA calculée sur le net financier, en créditant le compte 765 Escomptes obtenus pour le montant de l'escompte et le compte 401 pour le net à payer.

98. Quelle est l'écriture d'un avoir fournisseur pour retour de marchandises ?

On débite le compte 401 Fournisseurs pour le montant toutes taxes comprises et on crédite le compte 607 Achats de marchandises pour le hors taxes ainsi que le compte 44566 TVA déductible pour la taxe. Il s'agit d'une contre-passation de l'écriture d'achat initiale, à hauteur des marchandises retournées.

99. Quelle est l'écriture d'un avoir fournisseur pour ristourne ?

On débite le compte 401 Fournisseurs pour le montant toutes taxes comprises, on crédite le compte 609 Rabais, remises et ristournes obtenus sur achats pour le hors taxes et le compte 44566 pour la TVA. Le compte 609 est un compte de charge de sens créditeur, qui vient en diminution des achats.

100. Comment comptabiliser une avance versée à un fournisseur ?

On débite le compte 4091 Fournisseurs — Avances et acomptes versés sur commandes et on crédite le compte 512 Banque. Si le fournisseur a émis une facture d'acompte, la TVA est déduite au compte 44566. À réception de la facture définitive, le compte 4091 est soldé par le crédit et vient en diminution du montant à régler.

101. Quels sont les délais légaux de paiement entre professionnels ?

Le délai supplétif est de trente jours à compter de la réception des marchandises ou de l'exécution de la prestation. Les parties peuvent convenir d'un délai maximal de soixante jours à compter de l'émission de la facture, ou de quarante-cinq jours fin de mois si cette dérogation est expressément stipulée au contrat et ne constitue pas un abus manifeste.

102. Quelles sanctions encourt une entreprise qui ne respecte pas les délais de paiement ?

L'article L. 441-16 du Code de commerce prévoit une amende administrative pouvant atteindre 75 000 euros pour une personne physique et deux millions d'euros pour une personne morale, montants doublés en cas de réitération dans les deux ans. La décision de sanction peut être publiée, ce qui constitue une sanction réputationnelle supplémentaire.

103. Comment se calcule le taux des pénalités de retard ?

À défaut de stipulation contractuelle, le taux applicable est le taux directeur de la Banque centrale européenne majoré de dix points. Les parties peuvent convenir d'un taux différent, qui ne peut être inférieur à trois fois le taux d'intérêt légal. Les pénalités sont dues de plein droit dès le lendemain de l'échéance, sans rappel préalable.

104. Comment comptabiliser une facture d'immobilisation ?

On débite le compte d'immobilisation concerné en classe 2 pour le coût d'acquisition hors taxes, le compte 44562 TVA déductible sur immobilisations pour la taxe, et on crédite le compte 404 Fournisseurs d'immobilisations pour le montant toutes taxes comprises. L'utilisation du compte 404 permet d'isoler les dettes sur immobilisations au bilan.

105. Comment comptabiliser des frais de transport sur achats ?

Ils peuvent être incorporés au coût d'acquisition des biens achetés, ou comptabilisés séparément au débit du compte 6241 Transports sur achats lorsqu'ils sont facturés par un transporteur distinct du fournisseur. Le choix retenu doit être appliqué de manière permanente et mentionné en annexe s'il est significatif.

106. Quelle différence entre les comptes 61 et 62 ?

Le compte 61 Services extérieurs regroupe les charges de sous-traitance générale, locations, entretien, primes d'assurance, études et documentation. Le compte 62 Autres services extérieurs regroupe le personnel extérieur, les honoraires, la publicité, les déplacements, les frais postaux et les services bancaires. Ensemble, ils constituent les consommations en provenance de tiers.

107. Dans quel compte enregistrer les honoraires d'un expert-comptable ?

Les honoraires sont enregistrés au débit du compte 6226 Honoraires, subdivision du compte 622 Rémunérations d'intermédiaires et honoraires. La TVA est déductible au compte 44566. Ces honoraires doivent en outre être déclarés annuellement dans la déclaration des honoraires et commissions, désormais intégrée à la DSN ou au formulaire 2460 pour les non-employeurs.

108. Comment comptabiliser une prime d'assurance ?

La prime est enregistrée au débit du compte 616 Primes d'assurances. Les opérations d'assurance étant exonérées de TVA, aucune taxe déductible n'est constatée. Si la période de couverture chevauche deux exercices, la fraction concernant l'exercice suivant doit être régularisée par le compte 486 Charges constatées d'avance.

109. Comment traiter le crédit-bail mobilier ?

Le bien n'est pas inscrit à l'actif du preneur puisqu'il n'en est pas propriétaire. Les redevances sont enregistrées au débit du compte 612 Redevances de crédit-bail, la TVA étant déductible. Une information doit figurer en annexe : valeur du bien à la signature, redevances de l'exercice et cumulées, engagements restants et valeur résiduelle.

110. Comment comptabiliser la levée d'option d'un contrat de crédit-bail ?

La levée d'option constitue une acquisition. Le bien entre à l'actif pour le prix de levée, au débit d'un compte de classe 2, avec la TVA déductible au compte 44562 et le crédit du compte 404 ou 512. Le bien est ensuite amorti sur sa durée d'utilisation résiduelle, généralement courte.

111. Comment comptabiliser des frais de déplacement remboursés à un salarié ?

Les frais engagés par un salarié et remboursés sur justificatifs sont enregistrés au débit des comptes 625 Déplacements, missions et réceptions et 44566 pour la TVA récupérable, en créditant le compte 421 Personnel ou 4211, puis le compte 512 lors du remboursement. La TVA n'est pas déductible sur les frais de transport de personnes.

112. Que faire d'une facture reçue en double ?

Le doublon doit être identifié avant comptabilisation par un contrôle du numéro de facture dans le journal des achats et par le rapprochement avec le bon de livraison. S'il est détecté après enregistrement, l'écriture erronée est annulée par une écriture de contre-passation, avec un libellé explicite et la conservation de la pièce annotée.

113. Comment identifier un fournisseur douteux avant paiement ?

On vérifie l'existence de l'entreprise sur le registre national des entreprises, la cohérence entre la raison sociale, le SIRET et le titulaire du compte bancaire, la validité du numéro de TVA intracommunautaire dans la base VIES, et l'existence d'une relation commerciale antérieure. Toute demande de changement de coordonnées bancaires est vérifiée par contre-appel.

114. Comment comptabiliser un achat auprès d'un fournisseur intracommunautaire ?

L'achat est facturé hors taxes par le fournisseur européen. L'entreprise française autoliquide la TVA : elle débite le compte 607 pour le hors taxes et le compte 44566 pour la TVA déductible, et crédite le compte 401 pour le hors taxes et le compte 4452 TVA due intracommunautaire pour la taxe. L'opération est neutre en trésorerie.

115. Comment comptabiliser une importation depuis un pays tiers ?

Depuis le 1er janvier 2022, la TVA à l'importation est autoliquidée sur la déclaration CA3. L'achat est enregistré au débit du compte 607 pour le hors taxes, avec les droits de douane éventuellement incorporés au coût. La TVA est simultanément portée en TVA collectée et en TVA déductible, sans décaissement.

116. Comment traiter la sous-traitance dans le bâtiment ?

Le sous-traitant facture hors taxes au donneur d'ordre avec la mention « Autoliquidation ». Le donneur d'ordre enregistre la charge en 611 Sous-traitance générale et autoliquide la TVA en portant simultanément le montant en TVA collectée et en TVA déductible. Ce dispositif, prévu à l'article 283-2 nonies du CGI, vise à lutter contre la fraude.

117. Quelle est l'écriture de règlement d'un fournisseur par virement ?

On débite le compte 401 Fournisseurs et on crédite le compte 512 Banque pour le montant réglé. L'écriture est passée au journal de banque à la date de valeur ou à la date d'opération selon l'organisation retenue. Le lettrage est effectué immédiatement pour solder la facture correspondante.

118. Comment comptabiliser l'acceptation d'un effet à payer ?

On débite le compte 401 Fournisseurs et on crédite le compte 403 Fournisseurs — Effets à payer pour le montant nominal de l'effet accepté. À l'échéance, le compte 403 est débité par le crédit du compte 512. Le compte 403 isole au bilan les dettes matérialisées par un effet.

119. Que sont les charges à payer fournisseurs et comment les comptabiliser ?

Ce sont des charges dont le fait générateur est intervenu avant la clôture mais dont la facture n'est pas parvenue. On débite le compte de charge concerné pour le hors taxes et le compte 44586 TVA sur factures non parvenues, en créditant le compte 408 Fournisseurs — Factures non parvenues pour le montant toutes taxes comprises.

120. Quand utilise-t-on le compte 44586 ?

Le compte 44586 TVA sur factures non parvenues enregistre la TVA relative aux charges à payer. Cette TVA n'est pas encore déductible puisqu'aucune facture n'a été reçue : elle sera transférée au compte 44566 lors de la réception effective de la facture, après contre-passation de l'écriture de régularisation.

121. Comment justifier le solde du compte 401 à la clôture ?

On édite la balance auxiliaire fournisseurs et on rapproche son total du solde du compte collectif 401 au grand-livre. Chaque solde individuel est justifié par les factures non réglées. Les soldes débiteurs sont reclassés en 4091. Une circularisation ou un rapprochement avec les relevés fournisseurs complète la justification.

122. Comment comptabiliser une note de frais avec repas d'affaires ?

Le repas d'affaires est enregistré au débit du compte 6257 Réceptions pour le hors taxes et du compte 44566 pour la TVA, laquelle est déductible dès lors que la dépense est engagée dans l'intérêt de l'entreprise et justifiée par une facture au nom de l'entreprise mentionnant les convives.

123. Comment traiter les cadeaux à la clientèle ?

Les cadeaux sont enregistrés au débit du compte 6234 Cadeaux à la clientèle. La TVA n'est déductible que si la valeur unitaire toutes taxes comprises n'excède pas le seuil réglementaire de 73 euros par bénéficiaire et par année. Au-delà, la TVA est non déductible et doit être incorporée à la charge.

124. Comment enregistrer une facture d'électricité à cheval sur deux exercices ?

La facture est comptabilisée en totalité au débit du compte 6061 avec la TVA déductible. À la clôture, la fraction de la consommation postérieure au 31 décembre est neutralisée par une charge constatée d'avance au compte 486. Si la consommation est antérieure et la facture non reçue, on constate une charge à payer au compte 408.

125. Quel est l'intérêt de la balance auxiliaire fournisseurs ?

Elle présente le solde de chaque fournisseur individuellement, alors que le grand-livre général ne montre que le compte collectif 401. Elle permet de préparer les échéanciers de paiement, de repérer les soldes anormaux, de négocier les délais et de justifier le poste fournisseurs lors des travaux de révision.

126. Comment traiter une remise de fin d'année à recevoir d'un fournisseur

À la clôture, si les conditions d'obtention sont remplies mais l'avoir non reçu, on constate un produit à recevoir : débit du compte 4098 Rabais, remises et ristournes à obtenir pour le montant toutes taxes comprises, crédit du compte 609 pour le hors taxes et du compte 44586 pour la TVA correspondante.

127. Qu'est-ce que le compte 4096 ?

Le compte 4096 Fournisseurs — Créances pour emballages et matériels à rendre enregistre, chez le client, la créance née de la consignation d'emballages par le fournisseur. Il est débité lors de la consignation et crédité lors du retour. En cas de non-restitution, il est soldé par le débit d'un compte d'achat d'emballages.

128. Comment comptabiliser un mali sur emballages chez le client ?

Le mali correspond à la différence entre le prix de consignation et le prix de reprise, laquelle constitue une charge. On débite le compte 6136 Malis sur emballages pour le montant hors taxes et le compte 44566 pour la TVA, on crédite le compte 4096 pour le prix de consignation et on débite le compte 401 pour le prix de reprise.

129. Quels contrôles opérer sur le journal des achats ?

On vérifie la continuité de la numérotation des écritures, l'absence de montants anormaux ou arrondis suspects, la cohérence des comptes de charges utilisés, la présence systématique d'un compte de TVA déductible, la concordance du total des achats avec les déclarations de TVA, et l'existence d'une pièce justificative pour chaque écriture.

130. Quelle est la différence entre 401 et 404 ?

Le compte 401 Fournisseurs enregistre les dettes nées de l'exploitation courante : achats de biens et services. Le compte 404 Fournisseurs d'immobilisations enregistre les dettes nées de l'acquisition d'immobilisations. Cette distinction est essentielle pour l'analyse financière, car les dettes d'exploitation entrent dans le besoin en fonds de roulement, contrairement aux dettes sur immobilisations.

131. Quel document formalise la relation avec un fournisseur ?

Les conditions générales d'achat ou de vente, complétées le cas échéant par un contrat-cadre ou une convention unique annuelle pour les relations soumises à l'article L. 441-3 du Code de commerce. Ces documents fixent les prix, les délais de paiement, les conditions de livraison, les garanties et les modalités de règlement des litiges.

4. Gestion administrative et comptable des opérations de trésorerie

132. Quels sont les principaux comptes de la classe 5 ?

Le compte 50 enregistre les valeurs mobilières de placement, le 511 les valeurs à l'encaissement, le 512 les comptes en banque, le 514 les comptes à terme, le 517 les organismes de financement, le 519 les concours bancaires courants, le 530 la caisse, le 54 les régies d'avances et accréditifs, le 580 les virements internes et le 59 les dépréciations.

133. Le compte caisse peut-il être créditeur ?

Non. Un solde créditeur signifierait que l'entreprise a décaissé plus d'espèces qu'elle n'en détenait, ce qui est matériellement impossible. Un tel solde révèle systématiquement une erreur : oubli d'un encaissement, double enregistrement d'une dépense ou confusion entre caisse et banque. C'est un contrôle de vraisemblance élémentaire à opérer chaque mois.

134. Comment justifier le solde de caisse ?

On procède à un comptage physique des espèces à date, consigné dans un procès-verbal signé, puis on le rapproche du solde comptable. Tout écart doit être expliqué et régularisé, éventuellement par le compte 658 ou 758 pour les différences de caisse. Le brouillard de caisse tenu au jour le jour facilite ce contrôle.

135. Qu'est-ce qu'un état de rapprochement bancaire ?

C'est un état qui explique la différence entre le solde du compte 512 dans les livres de l'entreprise et le solde figurant sur le relevé bancaire. Ces deux comptes sont réciproques : ils enregistrent les mêmes opérations en sens inverse. L'écart provient des décalages d'enregistrement et des opérations connues d'une seule des deux parties.

136. Quelles sont les principales causes d'écart dans un rapprochement bancaire ?

On distingue les chèques émis non encore débités, les remises de chèques non encore créditées, les frais et agios non comptabilisés par l'entreprise, les virements reçus non identifiés, les prélèvements et échéances d'emprunt, les effets domiciliés, ainsi que les erreurs d'imputation ou d'inversion de chiffres commises par l'une ou l'autre partie.

137. Quelles opérations donnent lieu à écriture après un rapprochement bancaire ?

Seules les opérations connues de la banque et non encore enregistrées par l'entreprise : frais de tenue de compte en 627, agios en 6616, virements reçus de clients en 411, prélèvements automatiques, effets domiciliés, échéances d'emprunt. Les chèques émis non débités et les remises non créditées ne donnent lieu à aucune écriture.

138. Comment se présente un état de rapprochement ?

Il comporte deux colonnes intitulées « compte 512 Banque tenu par l'entreprise » et « compte entreprise tenu par la banque », chacune avec un débit et un crédit. On part des soldes initiaux respectifs, on ajoute les opérations manquantes dans chaque colonne, et on vérifie que les deux soldes rectifiés sont égaux et de sens opposé.

139. Comment comptabiliser des agios bancaires ?

Les intérêts débiteurs sont enregistrés au débit du compte 6616 Intérêts bancaires et sur opérations de financement, sans TVA car les opérations de crédit sont exonérées. Les commissions et frais de tenue de compte sont enregistrés au débit du compte 627 Services bancaires et assimilés, avec la TVA déductible au compte 44566 lorsqu'elle est facturée.

140. Qu'est-ce que le compte 519 Concours bancaires courants ?

Il enregistre les découverts bancaires et les crédits de trésorerie à court terme, notamment le montant des effets escomptés non échus. Il figure au passif du bilan parmi les dettes financières, contrairement au compte 512 qui figure à l'actif. Il ne doit pas être compensé avec un autre compte bancaire créditeur.

141. Qu'est-ce qu'un plan de trésorerie ?

Le plan de trésorerie est un tableau prévisionnel mensuel qui recense les encaissements et décaissements attendus afin d'anticiper la position bancaire. Il intègre les échéances clients, les règlements fournisseurs, la paie, les charges sociales, la TVA, les échéances d'emprunt et les investissements. Il permet de négocier à temps une ligne de crédit.

142. Quelle différence entre date d'opération et date de valeur ?

La date d'opération est celle de l'exécution effective du mouvement. La date de valeur est celle retenue par la banque pour le calcul des intérêts. Un chèque remis peut être crédité en date d'opération le jour même mais en date de valeur deux jours ouvrés plus tard. Seule la date de valeur influence les agios.

143. Comment fonctionne un virement SEPA ?

Le virement SEPA est un transfert de fonds en euros dans l'espace unique de paiement européen, identifié par l'IBAN du bénéficiaire. Il est exécuté au plus tard le jour ouvrable suivant la réception de l'ordre. Le virement instantané permet un transfert en moins de dix secondes, disponible en permanence.

144. Quelles sont les conditions de validité d'un chèque ?

Le chèque doit mentionner la dénomination de chèque, le mandat pur et simple de payer une somme déterminée, le nom du tiré, le lieu de paiement, la date et le lieu de création, et la signature du tireur. Sa durée de validité pour la présentation au paiement est d'un an et huit jours en France métropolitaine.

145. Qu'est-ce qu'un mandat de prélèvement SEPA ?

C'est l'autorisation écrite donnée par le débiteur au créancier de prélever son compte, et à sa banque de débiter celui-ci. Il comporte une référence unique de mandat et l'identifiant créancier SEPA. Le débiteur dispose d'un droit de remboursement de huit semaines pour un prélèvement autorisé et de treize mois pour un prélèvement non autorisé.

146. Comment comptabiliser un prélèvement automatique ?

Le prélèvement est enregistré au journal de banque à la date de débit constatée sur le relevé : on débite le compte de tiers ou de charge concerné et on crédite le compte 512. Lorsqu'il correspond à une facture déjà comptabilisée, l'écriture solde le compte fournisseur par lettrage.

147. Comment traiter une régie d'avance ?

La régie d'avance ou caisse d'avance est enregistrée au compte 54 Régies d'avances et accréditifs. On débite ce compte lors de la mise à disposition des fonds et on le crédite lors de la justification des dépenses, par le débit des comptes de charges concernés. Le solde doit être justifié par les fonds détenus par le régisseur.

148. Quels contrôles opérer sur les comptes de trésorerie à la clôture ?

On vérifie que tous les comptes bancaires sont rapprochés, que les comptes de transit 511 sont soldés ou justifiés, que le compte 580 est soldé, que la caisse est débitrice et concorde avec le comptage, que les comptes de placement sont valorisés, et que les découverts figurent bien au passif en compte 519.

149. Comment comptabiliser des frais sur effets escomptés ?

Les intérêts d'escompte sont enregistrés au débit du compte 661 Charges d'intérêts, calculés prorata temporis sur la durée restant à courir. Les commissions sont enregistrées au débit du compte 627 avec la TVA déductible au compte 44566. Le net reçu est porté au débit du compte 512.

150. Qu'appelle-t-on effets escomptés non échus ?

Ce sont les effets remis à l'escompte dont l'échéance n'est pas encore atteinte à la date de clôture. L'entreprise a reçu les fonds mais reste garante en cas d'impayé. Ils figurent en engagement hors bilan dans l'annexe et, en analyse financière, sont souvent réintégrés au poste clients avec en contrepartie un concours bancaire.

151. Comment traiter un virement reçu non identifié ?

Il est enregistré provisoirement au débit du compte 512 et au crédit du compte 471 Compte d'attente. Dès l'identification du client émetteur, l'écriture est régularisée par le débit du compte 471 et le crédit du compte 411, puis lettrée. Ce compte doit impérativement être soldé avant l'arrêté des comptes.

152. Qu'est-ce que la loi de sécurisation des paiements en espèces ?

L'article L. 112-6 du Code monétaire et financier interdit le paiement en espèces d'une dette supérieure à 1 000 euros lorsque le débiteur a son domicile fiscal en France ou agit pour les besoins d'une activité professionnelle. Ce plafond est porté à 15 000 euros pour les particuliers non résidents fiscaux français.

153. Comment sécuriser les accès bancaires en ligne ?

Par des habilitations nominatives distinctes pour la consultation et la validation, une double authentification forte, une double signature pour les virements dépassant un seuil, une revue périodique des droits, et une procédure écrite interdisant toute modification de coordonnées bancaires sans contre-appel au numéro connu du bénéficiaire.

154. Qu'est-ce que la fraude au président ?

Elle consiste, pour un escroc, à se faire passer pour le dirigeant et à demander en urgence et sous couvert de confidentialité un virement exceptionnel vers un compte à l'étranger. La prévention repose sur le respect absolu des procédures de validation, quelle que soit l'urgence invoquée, et sur la sensibilisation des collaborateurs.

155. Comment comptabiliser un placement à terme ?

Le placement est enregistré au débit du compte 514 Chèques postaux ou 508 selon sa nature, ou au compte 5171 pour un dépôt à terme, par le crédit du compte 512. Les intérêts produits sont enregistrés au crédit du compte 768 Autres produits financiers, avec constatation des intérêts courus à la clôture.

156. Qu'est-ce que le cash pooling ?

Le cash pooling ou centralisation de trésorerie est un dispositif par lequel les soldes des comptes bancaires de plusieurs entités d'un même groupe sont regroupés sur un compte pivot, afin d'optimiser les frais financiers. Les mouvements entre entités constituent des comptes courants d'associés, enregistrés au compte 451.

157. Comment traiter les intérêts sur compte courant d'associé ?

Les intérêts sont enregistrés au débit du compte 6615 Intérêts des comptes courants et des dépôts créditeurs. Leur déductibilité fiscale est limitée au taux effectif moyen pratiqué par les établissements de crédit pour des prêts à taux variable aux entreprises, d'une durée initiale supérieure à deux ans, publié trimestriellement.

158. Quel est le rôle du brouillard de caisse ?

Le brouillard de caisse est un document tenu au jour le jour qui recense chronologiquement toutes les entrées et sorties d'espèces, avec la référence de la pièce justificative. Il sert de base à la saisie comptable et permet de justifier le solde à tout moment. Sa tenue régulière est une exigence de contrôle interne.

159. Que faire en cas d'écart de caisse ?

L'écart doit être recherché en repointant le brouillard et les pièces. Si l'écart persiste, il est régularisé au débit du compte 658 Charges diverses de gestion courante s'il s'agit d'un manquant, ou au crédit du compte 758 s'il s'agit d'un excédent. Les écarts répétés doivent alerter sur une défaillance du contrôle interne.

160. Comment comptabiliser les recettes journalières d'un commerce de détail ?

Les recettes sont ventilées par mode de règlement et par taux de TVA à partir du ticket Z de la caisse enregistreuse : débit du compte 530 pour les espèces, du compte 5112 pour les chèques et du compte 5115 pour les cartes bancaires, crédit des comptes 707 par taux et du compte 44571 pour la TVA collectée.

161. Quelles obligations pèsent sur les logiciels de caisse ?

Depuis le 1er janvier 2018, les assujettis à la TVA enregistrant des règlements de clients particuliers doivent utiliser un logiciel ou système de caisse satisfaisant aux conditions d'inaltérabilité, de sécurisation, de conservation et d'archivage. La conformité est justifiée par un certificat ou une attestation individuelle de l'éditeur, sous peine d'une amende de 7 500 euros par logiciel.

162. Comment justifier le compte 5112 à la clôture ?

Le solde du compte 5112 Chèques à encaisser doit correspondre aux chèques effectivement remis à la banque et non encore crédités à la date de clôture, ou détenus par l'entreprise. Il est justifié par le bordereau de remise et par le relevé bancaire du début de l'exercice suivant. Un solde ancien traduit une anomalie.

163. Quel traitement pour un chèque périmé non encaissé ?

Si un chèque émis n'est pas présenté dans le délai d'un an et huit jours, la dette envers le bénéficiaire subsiste juridiquement. Comptablement, le compte 512 est débité et le compte de tiers rétabli au crédit. Le chèque est annulé auprès de la banque et un nouveau règlement est émis après vérification.

164. Comment comptabiliser les frais de commission sur cartes bancaires

La commission prélevée par l'établissement bancaire lors du crédit des encaissements par carte est enregistrée au débit du compte 627 Services bancaires et assimilés, avec la TVA déductible correspondante au compte 44566 lorsqu'elle est facturée. Le compte 5115 est soldé pour le montant brut des encaissements.

165. Comment analyser l'évolution de la trésorerie ?

On compare la trésorerie nette d'un exercice à l'autre, en la décomposant : trésorerie active, constituée des disponibilités et des valeurs mobilières de placement, moins la trésorerie passive constituée des concours bancaires. On rapproche cette évolution du fonds de roulement et du besoin en fonds de roulement pour en identifier la cause.

166. Qu'est-ce que le besoin en fonds de roulement d'exploitation ?

C'est le besoin de financement né du décalage entre les décaissements et les encaissements liés à l'exploitation. Il se calcule en additionnant les stocks et les créances d'exploitation puis en retranchant les dettes d'exploitation. Un besoin en fonds de roulement élevé pèse sur la trésorerie et peut être réduit en accélérant les encaissements clients.

167. Comment améliorer la trésorerie d'une entreprise ?

En réduisant le délai de règlement des clients par une politique de relance active et l'octroi d'escomptes, en négociant des délais fournisseurs plus longs dans les limites légales, en optimisant les stocks, en recourant à la mobilisation de créances par escompte ou affacturage, et en étalant les investissements ou en les finançant par emprunt.

168. Qu'est-ce qu'un escompte commercial et un escompte de règlement

L'escompte commercial est une opération bancaire de mobilisation d'un effet de commerce avant son échéance, moyennant intérêt. L'escompte de règlement est une réduction de prix accordée à un client qui paie par anticipation. Malgré l'homonymie, les deux notions n'ont ni le même objet, ni le même traitement comptable.

169. Quel compte utiliser pour les frais de tenue de compte bancaire ?

Le compte 6278 Autres frais et commissions sur prestations de services ou plus généralement le compte 627 Services bancaires et assimilés. Ces frais supportent la TVA lorsqu'ils rémunèrent une prestation de service ; en revanche, les intérêts et agios, qui rémunèrent un crédit, sont exonérés de TVA et enregistrés en 6616.

BLOC 2 — PRÉPARER LES OPÉRATIONS COMPTABLES PÉRIODIQUES

5. La taxe sur la valeur ajoutée

170. Qu'est-ce que la taxe sur la valeur ajoutée ?

La TVA est un impôt indirect général sur la consommation, assis sur le prix des biens et services. Elle est supportée en définitive par le consommateur final, mais collectée et reversée par les entreprises. Créée en France en 1954, elle constitue la première recette du budget de l'État et est harmonisée au niveau européen.

171. Pourquoi dit-on que la TVA est neutre pour l'entreprise ?

Parce que l'entreprise assujettie collecte la TVA sur ses ventes et déduit celle qu'elle a supportée sur ses achats : elle ne reverse au Trésor que la différence, qui correspond à la taxe sur la valeur qu'elle a ajoutée. La TVA ne constitue donc ni une charge ni un produit, sauf en cas d'exclusion du droit à déduction.

172. Qui est assujetti à la TVA ?

Est assujettie toute personne qui effectue de manière indépendante une activité économique, quels que soient son statut juridique, sa situation au regard des autres impôts et la forme de son intervention. L'indépendance exclut les salariés. L'activité économique recouvre les activités de producteur, de commerçant, de prestataire de services et les professions libérales.

173. Quelle différence entre assujetti et redevable ?

L'assujetti est la personne qui exerce une activité économique indépendante et entre dans le champ d'application de la TVA. Le redevable est celui qui doit effectivement acquitter la taxe. Un assujetti réalisant uniquement des opérations exonérées est assujetti non redevable : il ne collecte pas de TVA et ne peut pas déduire.

174. Quelles sont les opérations imposables par nature ?

Ce sont les livraisons de biens et les prestations de services effectuées à titre onéreux par un assujetti agissant en tant que tel. Trois conditions cumulatives sont donc requises : une opération relevant de l'une de ces catégories, une contrepartie constituant un lien direct, et la qualité d'assujetti agissant dans le cadre de son activité.

175. Citez des opérations imposables par disposition expresse de la loi.

Il s'agit notamment des importations de biens, des acquisitions intracommunautaires, des livraisons à soi-même de biens et de services, de certaines opérations immobilières comme les livraisons d'immeubles neufs, ainsi que des achats faits auprès de personnes non assujetties dans certains cas prévus par l'article 257 du Code général des impôts.

176. Quelles opérations peuvent être imposables sur option ?

La location de locaux nus à usage professionnel, certaines activités agricoles, les opérations réalisées par les collectivités locales dans certains services, les activités des professions libérales exonérées dans certains cas, ainsi que les opérations bancaires et financières limitativement énumérées. L'option permet de récupérer la TVA sur les investissements.

177. Citez cinq opérations exonérées de TVA.

Les exportations hors Union européenne, les livraisons intracommunautaires de biens, les actes médicaux et paramédicaux réglementés, l'enseignement scolaire et universitaire, les opérations d'assurance et de réassurance, la location de logements nus ou meublés à usage d'habitation, et les activités des organismes sans but lucratif remplissant les conditions de gestion désintéressée.

178. Qu'est-ce que la franchise en base de TVA ?

C'est un régime qui dispense les entreprises dont le chiffre d'affaires n'excède pas certains seuils de déclarer et de payer la TVA. En contrepartie, elles ne peuvent déduire aucune TVA sur leurs achats. Leurs factures portent la mention « TVA non applicable, article 293 B du CGI ». Ce régime peut être abandonné sur option.

179. Quels sont les seuils de la franchise en base ?

Le seuil de droit commun est fixé à 85 000 euros de chiffre d'affaires pour les livraisons de biens, les ventes à consommer sur place et les prestations d'hébergement, et à 37 500 euros pour les autres prestations de services. Des seuils majorés de 93 500 et 41 250 euros permettent de maintenir la franchise l'année du dépassement.

180. Que se passe-t-il en cas de dépassement du seuil majoré ?

Le bénéfice de la franchise cesse dès le premier jour du mois de dépassement du seuil majoré. L'entreprise devient redevable de la TVA sur les opérations réalisées à compter de cette date et doit facturer la taxe. Elle peut alors déduire la TVA sur ses achats, avec un crédit de départ sur les stocks et immobilisations.

181. Qu'est-ce que le fait générateur de la TVA ?

Le fait générateur est l'événement par lequel sont réalisées les conditions légales nécessaires à l'exigibilité de la taxe. Il détermine le régime applicable, notamment le taux en vigueur. Pour une livraison de biens, c'est la délivrance ; pour une prestation de services, c'est l'exécution de la prestation.

182. Qu'est-ce que l'exigibilité de la TVA ?

L'exigibilité est le droit que le Trésor public peut faire valoir auprès du redevable pour obtenir le paiement de la taxe. Elle détermine la période de déclaration ainsi que la date à laquelle le client peut opérer sa déduction. Fait générateur et exigibilité coïncident pour les livraisons de biens, mais divergent souvent pour les services.

183. Quand la TVA est-elle exigible sur une prestation de services ?

La TVA est exigible lors de l'encaissement du prix ou des acomptes, quel que soit le mode de règlement. Le prestataire peut toutefois opter pour le paiement d'après les débits, ce qui rend la taxe exigible à la date de facturation, sauf pour les acomptes encaissés avant, qui restent taxables dès leur perception.

184. En quoi consiste l'option pour les débits ?

L'option permet à un prestataire de services d'acquitter la TVA à la date de facturation plutôt qu'à l'encaissement. Elle simplifie la gestion en alignant TVA et comptabilité. La facture doit alors porter la mention « TVA acquittée d'après les débits ». L'option ne peut retarder l'exigibilité : les acomptes encaissés antérieurement restent taxables.

185. Quel est le taux normal de TVA en France continentale ?

Le taux normal est de 20 %. Il s'applique à toutes les opérations imposables pour lesquelles aucun autre taux n'est expressément prévu par la loi. C'est le taux de droit commun, applicable notamment aux ventes de biens d'équipement, aux prestations de services courantes, aux boissons alcoolisées et aux produits de confiserie.

186. Quelles opérations relèvent du taux de 10 % ?

Le taux réduit de 10 % s'applique notamment à la restauration sur place et à emporter de produits à consommation immédiate, à l'hébergement hôtelier, au transport de voyageurs, aux travaux d'amélioration et d'entretien des logements achevés depuis plus de deux ans, aux médicaments non remboursables et aux droits d'entrée dans les musées et monuments.

187. Quelles opérations relèvent du taux de 5,5 % ?

Le taux de 5,5 % s'applique à la plupart des produits alimentaires, aux abonnements au gaz et à l'électricité, aux livres sur tout support, aux équipements et services pour personnes handicapées, aux travaux de rénovation énergétique des logements, aux protections hygiéniques, aux préservatifs et aux billets de spectacle vivant sous conditions.

188. Quelles opérations relèvent du taux de 2,1 % ?

Le taux particulier de 2,1 % s'applique aux médicaments remboursables par la sécurité sociale, aux publications de presse inscrites auprès de la commission paritaire, aux cent quarante premières représentations de certains spectacles, et aux ventes d'animaux vivants de boucherie à des non-assujettis. Il s'agit d'un taux dérogatoire maintenu par exception.

189. Quels taux s'appliquent en Corse ?

La Corse bénéficie de taux particuliers : 0,9 % pour certaines représentations et ventes d'animaux, 2,1 % pour les produits relevant du taux réduit en métropole, 10 % pour les travaux immobiliers et la restauration, 13 % pour les produits pétroliers et 20 % pour les autres opérations relevant du taux normal.

190. Quelle est la situation des départements d'outre-mer au regard de la TVA ?

En Guadeloupe, en Martinique et à La Réunion, les taux sont de 8,5 % pour le taux normal et de 2,1 % pour le taux réduit, avec des taux particuliers de 1,05 % et 1,75 %. La TVA n'est provisoirement pas applicable en Guyane ni à Mayotte, ces territoires étant hors du champ territorial de la taxe.

191. Quelles sont les trois conditions du droit à déduction ?

La dépense doit être nécessaire à l'exploitation et affectée à des opérations ouvrant droit à déduction ; elle doit être justifiée par une facture régulière mentionnant la TVA ; et le droit à déduction doit être né, c'est-à-dire que la taxe doit être devenue exigible chez le fournisseur. Ces conditions sont cumulatives.

192. Qu'est-ce que le coefficient de déduction ?

Le coefficient de déduction est le produit de trois coefficients : le coefficient d'assujettissement, qui mesure la proportion d'utilisation pour des opérations dans le champ de la TVA ; le coefficient de taxation, qui mesure la proportion d'utilisation pour des opérations ouvrant droit à déduction ; et le coefficient d'admission, fixé par la réglementation.

193. Comment s'arrondissent les coefficients de déduction ?

Chaque coefficient est arrondi par excès à la deuxième décimale. Le coefficient de déduction, produit des trois, est également arrondi par excès à la deuxième décimale. Cet arrondi favorable au contribuable est expressément prévu par l'article 206 de l'annexe II au Code général des impôts.

194. La TVA sur un véhicule de tourisme est-elle déductible ?

Non. Les véhicules conçus pour le transport de personnes ou à usage mixte sont exclus du droit à déduction, que ce soit à l'achat, en location ou pour l'entretien. Le coefficient d'admission est nul. En revanche, les véhicules utilitaires, les véhicules destinés à la revente par les négociants et ceux affectés au transport public ouvrent droit à déduction.

195. Quelle est la règle applicable au gazole ?

La TVA sur le gazole et le superéthanol E85 est déductible à hauteur de 80 % lorsqu'ils sont utilisés dans des véhicules exclus du droit à déduction, et à 100 % pour les véhicules utilitaires. Depuis 2022, l'essence bénéficie du même régime que le gazole, l'alignement s'étant fait progressivement.

196. La TVA sur les frais de restaurant est-elle déductible ?

Oui, la TVA sur les dépenses de restauration engagées dans l'intérêt de l'entreprise est déductible, qu'il s'agisse de repas du personnel en déplacement ou de repas d'affaires. Il faut disposer d'une facture au nom de l'entreprise, et non d'une simple note. En revanche, la TVA sur les dépenses de logement des dirigeants et salariés est exclue.

197. La TVA sur un billet de train est-elle déductible ?

Non. Les prestations de transport de personnes et les opérations accessoires sont exclues du droit à déduction, quel que soit le mode de transport : train, avion, taxi, autocar. La charge est donc comptabilisée pour son montant toutes taxes comprises au compte 6251 Voyages et déplacements.

198. Quel est le régime de TVA des cadeaux d'entreprise ?

La TVA sur les biens cédés sans rémunération ou moyennant une rémunération très inférieure au prix normal est en principe exclue. Une tolérance permet la déduction lorsque la valeur unitaire toutes taxes comprises du cadeau n'excède pas 73 euros par bénéficiaire et par an. Ce seuil est réévalué périodiquement par arrêté.

199. Qu'est-ce que la régularisation annuelle de TVA ?

Lorsque le coefficient de déduction définitif d'une année diffère du coefficient provisoire appliqué, une régularisation doit être opérée sur la déclaration déposée avant le 25 avril de l'année suivante. Pour les immobilisations, une régularisation annuelle est également due si le coefficient varie de plus d'un dixième par rapport au coefficient de référence.

200. Quel est le délai de régularisation de la TVA sur immobilisations ?

Le délai est de vingt ans pour les immeubles et de cinq ans pour les autres biens d'investissement, année d'acquisition comprise. En cas de cession, de cessation d'activité ou de changement d'affectation pendant cette période, une régularisation globale de la TVA initialement déduite peut être exigée, au prorata des années restant à courir.

201. Quels sont les régimes d'imposition à la TVA ?

On distingue la franchise en base, le régime simplifié d'imposition et le régime réel normal. Le régime dépend du chiffre d'affaires et du montant annuel de TVA due. Une entreprise peut toujours opter pour un régime supérieur, notamment pour bénéficier d'un remboursement plus rapide de ses crédits de TVA.

202. Quels sont les seuils du régime simplifié d'imposition ?

Le régime simplifié s'applique lorsque le chiffre d'affaires n'excède pas 840 000 euros pour les activités de vente et de fourniture de logement, ou 254 000 euros pour les prestations de services, et que le montant annuel de TVA due n'excède pas 15 000 euros. Au-delà de ce dernier montant, le régime réel normal s'impose.

203. Comment fonctionne le régime simplifié d'imposition ?

L'entreprise verse deux acomptes semestriels calculés sur la TVA due de l'année précédente : 55 % en juillet et 40 % en décembre. Elle dépose ensuite une déclaration annuelle CA12 au plus tard le deuxième jour ouvré suivant le 1er mai, qui liquide la taxe définitive et fait apparaître le solde ou l'excédent.

204. Quand la déclaration CA3 est-elle mensuelle ou trimestrielle ?

Sous le régime réel normal, la déclaration CA3 est en principe mensuelle. Elle peut être trimestrielle lorsque la TVA exigible annuellement est inférieure à 4 000 euros. L'entreprise doit alors le demander expressément. La déclaration est déposée entre le 15 et le 24 du mois suivant selon la forme juridique et le département.

205. Que trouve-t-on dans le cadre A de la déclaration CA3 ?

Le cadre A recense le montant des opérations réalisées. La ligne 01 correspond aux ventes et prestations de services, la ligne 02 aux autres opérations imposables, la ligne 03 aux acquisitions intracommunautaires, la ligne 2A aux importations. Les opérations non imposables figurent aux lignes 04 pour les exportations et 06 pour les livraisons intracommunautaires.

206. Que trouve-t-on dans le cadre B de la déclaration CA3 ?

Le cadre B décompte la TVA à payer. Les lignes 08 à 13 ventilent la TVA collectée par taux. La ligne 16 donne la TVA brute due. La ligne 19 correspond à la TVA déductible sur immobilisations, la ligne 20 à celle sur les autres biens et services, la ligne 22 au report de crédit antérieur.

207. Comment se calcule la TVA à décaisser ?

La TVA à décaisser est égale à la TVA collectée sur les ventes, majorée de la TVA autoliquidée, diminuée de la TVA déductible sur immobilisations, de la TVA déductible sur autres biens et services et du crédit de TVA reporté de la période précédente. Si le résultat est négatif, il s'agit d'un crédit de TVA.

208. Quelle est l'écriture de liquidation de la TVA ?

On débite le compte 44571 TVA collectée pour son solde, on crédite les comptes 44562 et 44566 pour leurs soldes, et on crédite le compte 44551 TVA à décaisser pour la différence. Si la TVA déductible excède la TVA collectée, la différence est portée au débit du compte 44567 Crédit de TVA à reporter.

209. Comment comptabiliser le paiement de la TVA ?

Le règlement s'effectue par télépaiement depuis l'espace professionnel. L'écriture consiste à débiter le compte 44551 TVA à décaisser et à créditer le compte 512 Banque. Le compte 44551 doit être soldé après chaque paiement ; un solde résiduel signale une erreur de déclaration ou de comptabilisation.

210. Que faire d'un crédit de TVA ?

Il peut être reporté sur la déclaration suivante en étant inscrit ligne 22, ou faire l'objet d'une demande de remboursement au moyen du formulaire n° 3519. Le remboursement est possible mensuellement ou trimestriellement si le crédit atteint 760 euros, et annuellement s'il atteint 150 euros. La demande est dématérialisée.

211. La télédéclaration de TVA est-elle obligatoire ?

Oui, pour toutes les entreprises sans exception depuis le 1er octobre 2014. La déclaration et le paiement s'effectuent depuis l'espace professionnel du site impots.gouv.fr, en mode EFI par saisie en ligne ou en mode EDI par transmission d'un partenaire agréé. Le non-respect est sanctionné par une majoration de 0,2 % des sommes dues.

212. Quelles sanctions en cas de retard de déclaration de TVA ?

Le dépôt tardif entraîne un intérêt de retard de 0,20 % par mois, soit 2,4 % par an, ainsi qu'une majoration de 10 % en l'absence de mise en demeure ou de régularisation spontanée, portée à 40 % si la déclaration n'est pas déposée dans les trente jours suivant une mise en demeure, et à 80 % en cas d'activité occulte.

213. Comment fonctionne l'autoliquidation de la TVA ?

L'autoliquidation transfère au client la charge de déclarer la TVA. Le fournisseur facture hors taxes avec la mention « Autoliquidation ». Le client porte la taxe simultanément en TVA collectée et en TVA déductible sur sa déclaration. L'opération est neutre financièrement lorsque le droit à déduction est total, mais reste obligatoire à déclarer.

214. Dans quels cas l'autoliquidation s'applique-t-elle ?

Elle s'applique aux acquisitions intracommunautaires, aux importations depuis 2022, aux prestations de services fournies par un prestataire établi hors de France, à la sous-traitance dans le secteur du bâtiment, aux livraisons de déchets neufs d'industrie et de matières de récupération, et aux transferts de quotas d'émission de gaz à effet de serre.

215. Comment se déclare une acquisition intracommunautaire sur la CA3

Le montant hors taxes est porté ligne 03 du cadre A. La TVA autoliquidée est ensuite ventilée par taux dans les lignes 08 à 13 en TVA collectée, puis reprise en ligne 20 en TVA déductible si le droit à déduction est total. L'opération est donc neutre sur le solde de la déclaration.

216. Comment se déclare une importation depuis 2022 ?

La TVA à l'importation est autoliquidée sur la CA3. Les montants sont préremplis en ligne 2A à partir des données douanières le 14 du mois suivant. L'entreprise doit vérifier ces données avant validation et les corriger si nécessaire, car elle demeure responsable de l'exactitude de sa déclaration.

217. Qu'est-ce que le numéro de TVA intracommunautaire ?

C'est un identifiant fiscal individuel attribué par l'administration à tout assujetti réalisant des opérations intracommunautaires. En France, il se compose du code FR, d'une clé informatique à deux caractères et du numéro SIREN à neuf chiffres. Il doit figurer sur les factures et être vérifié dans la base européenne VIES.

218. Pourquoi vérifier le numéro de TVA d'un client européen ?

Parce que l'exonération de la livraison intracommunautaire est subordonnée à la validité du numéro de TVA du client au moment de l'opération. Si le numéro s'avère invalide, l'administration peut remettre en cause l'exonération et réclamer la TVA au fournisseur français. La vérification s'effectue gratuitement sur le site VIES de la Commission européenne.

219. Qu'est-ce que l'état récapitulatif TVA ?

Depuis le 1er janvier 2022, l'état récapitulatif TVA a remplacé le volet fiscal de la déclaration d'échanges de biens. Il recense mensuellement l'ensemble des livraisons intracommunautaires par client et par numéro de TVA. Il est obligatoire pour toutes les entreprises réalisant de telles livraisons, sans seuil, et conditionne l'exonération.

220. Qu'est-ce que la déclaration européenne de services ?

La DES récapitule les prestations de services intracommunautaires réalisées par un prestataire français au profit de preneurs assujettis établis dans un autre État membre, lorsque la taxe est autoliquidée par le preneur. Elle est déposée mensuellement par voie électronique auprès de la douane, au plus tard le dixième jour ouvrable du mois suivant.

221. Qu'est-ce que le guichet unique OSS ?

Le guichet unique One Stop Shop permet à une entreprise réalisant des ventes à distance de biens ou des prestations de services à des particuliers établis dans d'autres États membres de déclarer et payer la TVA de tous les États dans un portail unique de son pays. Il s'applique au-delà d'un seuil global de 10 000 euros de ventes à distance.

222. Comment fonctionne la TVA sur les ventes à distance ?

En dessous d'un seuil global de 10 000 euros de ventes à distance intracommunautaires par an, le vendeur applique la TVA de son pays. Au-delà, il doit appliquer la TVA du pays de destination, ce qu'il peut déclarer via le guichet unique OSS plutôt qu'en s'immatriculant dans chaque État membre.

223. Qu'est-ce que le régime de la marge ?

Le régime de la marge s'applique notamment aux biens d'occasion, œuvres d'art, objets de collection et d'antiquité achetés auprès de non-redevables. La TVA est calculée sur la marge bénéficiaire et non sur le prix total. La facture ne doit pas faire apparaître la TVA et porte la mention du régime particulier applicable.

224. Quel est le rôle du compte 4457 ?

Le compte 4457 Taxes sur le chiffre d'affaires collectées par l'entreprise regroupe les subdivisions de TVA collectée, notamment le compte 44571. Certains plans de comptes l'utilisent pour la TVA sur encaissements des prestataires de services, en attente de l'exigibilité effective lors du règlement du client.

225. Que représente le compte 44584 ?

Le compte 44584 Taxes sur le chiffre d'affaires — Acomptes est utilisé sous le régime simplifié d'imposition pour enregistrer les acomptes semestriels versés en juillet et en décembre. Il est soldé lors de l'établissement de la déclaration annuelle CA12, par imputation sur la TVA définitivement due.

226. Comment contrôler la cohérence entre chiffre d'affaires et TVA ?

On rapproche le total annuel des lignes 01 des déclarations CA3 du total des comptes de produits imposables du grand-livre. Un écart doit être expliqué par les décalages d'exigibilité, les opérations exonérées ou les avoirs. Ce rapprochement est systématiquement demandé lors d'un contrôle fiscal.

227. Quels contrôles opérer sur les comptes de TVA à la clôture ?

On vérifie que les comptes 44571, 44566 et 44562 sont soldés après chaque liquidation, que le compte 44551 correspond à la TVA de la dernière période non encore réglée, que le compte 44567 correspond au crédit reporté, et que les comptes 44586 et 44587 correspondent aux régularisations d'inventaire.

228. Quelle TVA figure sur une facture non parvenue ?

La TVA relative aux charges à payer est enregistrée au compte 44586 TVA sur factures non parvenues. Elle n'est pas encore déductible faute de facture. L'écriture est contre-passée à l'ouverture de l'exercice suivant, la TVA devenant déductible au compte 44566 lors de la comptabilisation de la facture réelle.

229. Quelle TVA figure sur une facture à établir ?

La TVA relative aux produits à recevoir est enregistrée au compte 44587 TVA sur factures à établir. Elle n'est pas encore exigible faute de facture émise. Elle est transférée au compte 44571 lors de l'émission effective de la facture, après contre-passation de l'écriture de régularisation à l'ouverture de l'exercice.

230. Comment traiter la TVA sur une livraison à soi-même ?

La livraison à soi-même consiste à obtenir un bien ou un service à partir de moyens propres. Elle est imposable lorsque le bien n'ouvrirait pas droit à déduction complète s'il était acquis auprès d'un tiers. La TVA est collectée sur le coût de revient et éventuellement déduite, ce qui neutralise l'avantage fiscal.

231. Qu'est-ce que le prorata de déduction ?

Le prorata de déduction, aujourd'hui appelé coefficient de taxation forfaitaire, s'applique aux assujettis partiels qui réalisent à la fois des opérations ouvrant droit à déduction et des opérations exonérées. Il est égal au rapport entre le chiffre d'affaires ouvrant droit à déduction et le chiffre d'affaires total des opérations imposables.

232. Qu'est-ce qu'un assujetti partiel ?

L'assujetti partiel est celui qui réalise à la fois des opérations situées dans le champ d'application de la TVA et des opérations hors du champ. Il applique un coefficient d'assujettissement inférieur à un. Il se distingue du redevable partiel, qui réalise dans le champ à la fois des opérations taxées et des opérations exonérées.

233. Comment comptabiliser une TVA non déductible ?

Lorsque la TVA n'est pas récupérable, elle constitue un élément du coût du bien ou du service. Elle est donc incorporée au compte de charge ou d'immobilisation concerné : la dépense est enregistrée pour son montant toutes taxes comprises, sans utilisation d'un compte 4456. C'est le cas des frais de transport de personnes.

234. Comment corriger une erreur de TVA sur une déclaration antérieure

Une erreur en défaveur du Trésor est régularisée sur la déclaration suivante, en ligne 5B pour la TVA omise, avec un intérêt de retard éventuel. Une TVA déductible oubliée peut être portée sur une déclaration ultérieure, ligne 21, jusqu'au 31 décembre de la deuxième année suivant l'omission. Au-delà, le droit à déduction est perdu.

235. Quel est le délai de reprise de l'administration en matière de TVA ?

Le délai de reprise expire le 31 décembre de la troisième année suivant celle au cours de laquelle la taxe est devenue exigible. Il est porté à dix ans en cas d'activité occulte ou de flagrance fiscale. Le dépôt d'une plainte pour fraude fiscale peut également proroger ce délai de deux ans.

236. Qu'est-ce que la mention « autoliquidation » sur une facture ?

C'est la mention obligatoire que doit porter la facture lorsque la TVA est due par le client et non par le fournisseur. Elle informe le client de son obligation de déclarer la taxe. Son absence expose le fournisseur à une amende, et peut créer une confusion conduisant à une double imposition ou à une omission déclarative.

237. Comment traiter une facture reçue avec TVA facturée à tort ?

La TVA facturée à tort est due par celui qui la facture, en application de l'article 283-3 du Code général des impôts, mais elle n'est pas déductible par le client. Il convient de demander une facture rectificative au fournisseur. Déduire une telle TVA expose le client à un redressement assorti de pénalités.

238. Que faire si une facture d'achat ne mentionne pas la TVA ?

Aucune déduction n'est possible en l'absence de mention de la taxe sur une facture régulière. Il faut solliciter du fournisseur une facture conforme ou une facture rectificative. Tant que ce document n'est pas obtenu, la charge est comptabilisée pour son montant toutes taxes comprises, sans TVA déductible.

239. La TVA est-elle due sur les indemnités ?

Les sommes présentant un caractère strictement indemnitaire, qui réparent un préjudice sans contrepartie d'une prestation, sont hors du champ de la TVA. C'est le cas des pénalités de retard et des dommages-intérêts. En revanche, une indemnité qui rémunère en réalité un service rendu est soumise à la taxe.

240. Comment traiter les subventions au regard de la TVA ?

Les subventions directement liées au prix d'une opération imposable sont soumises à la TVA, car elles constituent un complément de prix. Les subventions d'équipement et les subventions d'équilibre non liées au prix sont hors du champ. Cette distinction conditionne également le calcul du coefficient de taxation.

241. Quelle est la base d'imposition à la TVA ?

La base d'imposition est constituée par toutes les sommes, valeurs, biens ou services reçus en contrepartie de l'opération, y compris les subventions directement liées au prix, les frais accessoires et les impôts et taxes autres que la TVA. Sont exclus les réductions de prix, les débours et les indemnités à caractère de dommages-intérêts.

242. Qu'est-ce qu'un débours ?

Le débours est une somme avancée par un intermédiaire au nom et pour le compte de son client, refacturée à l'euro près et justifiée par des pièces établies au nom du client. Il n'entre pas dans la base d'imposition à la TVA de l'intermédiaire. La comptabilisation s'opère par un compte de tiers et non par un compte de produit.

243. Comment se calcule la TVA à partir d'un montant toutes taxes comprises ?

On divise le montant toutes taxes comprises par 1 plus le taux, ce qui donne le montant hors taxes ; la différence constitue la TVA. Pour le taux de 20 %, on peut multiplier le TTC par 0,1667 ; pour 10 %, par 0,0909 ; pour 5,5 %, par 0,0521. On parle de calcul « en dedans ».

244. Quelles sont les obligations comptables spécifiques en matière de TVA ?

L'assujetti doit tenir une comptabilité permettant de justifier le détail des opérations imposables et non imposables, ventiler les recettes par taux, conserver les factures reçues et émises, et présenter un livre spécial s'il ne tient pas de comptabilité complète. Ces documents doivent être conservés six ans au titre du contrôle fiscal.

245. Qu'est-ce que la TVA sur encaissements en comptabilité ?

Pour les prestataires de services soumis à l'exigibilité sur encaissement, la TVA facturée mais non encore encaissée est enregistrée dans un compte d'attente, souvent le compte 4458 ou une subdivision du compte 4457. Elle est virée au compte 44571 lors du règlement du client, période à laquelle elle devient exigible et déclarable.

246. Quels justificatifs conserver à l'appui d'une déclaration de TVA ?

Il faut conserver le journal des ventes et le journal des achats de la période, la balance générale, le détail du calcul de la TVA collectée par taux, la ventilation de la TVA déductible entre immobilisations et autres biens et services, l'accusé de réception de la télédéclaration et la preuve du télépaiement.

247. Quelles sont les erreurs les plus fréquentes en matière de TVA ?

On relève la déduction de TVA sur des dépenses exclues, l'omission de l'autoliquidation sur les acquisitions intracommunautaires ou les importations, l'erreur de taux, la déduction anticipée avant exigibilité chez le fournisseur, l'oubli de régulariser la TVA sur les créances irrécouvrables, et l'absence de rapprochement entre le chiffre d'affaires comptable et déclaré.

6. Variables et paramètres de paie

248. Quelles sont les mentions obligatoires d'un bulletin de paie ?

Le bulletin mentionne l'identité et l'adresse de l'employeur, son numéro SIRET et son code APE, la convention collective applicable, l'identité du salarié, son emploi et sa position dans la classification, la période et le nombre d'heures de travail, la rémunération brute, les cotisations par risque, le net imposable, le montant net social, le prélèvement à la source et le net à payer.

249. Quelles mentions sont interdites sur un bulletin de paie ?

Le bulletin ne doit comporter aucune mention relative à l'exercice du droit de grève ni aux fonctions de représentant du personnel. Dans ce dernier cas, la rémunération liée à l'activité de représentation fait l'objet d'une fiche annexée distincte, afin de préserver la confidentialité et d'éviter toute discrimination.

250. Depuis quand le bulletin de paie comporte-t-il une ligne « montant net social » ?

Depuis le 1er juillet 2023, tous les bulletins de paie doivent faire apparaître une ligne « montant net social ». Il correspond au revenu net après déduction des cotisations et contributions sociales obligatoires, servant de référence pour le calcul du revenu de solidarité active et de la prime d'activité.

251. Quelle est la durée de conservation des bulletins de paie ?

L'employeur doit conserver un double des bulletins de paie, sous forme papier ou électronique, pendant cinq ans. Le salarié est quant à lui invité à conserver ses bulletins sans limitation de durée, car ils servent à justifier ses droits à la retraite. La remise sous forme électronique est possible sauf opposition du salarié.

252. Qu'est-ce que le plafond de la sécurité sociale ?

C'est un montant de référence revalorisé chaque année au 1er janvier, servant au calcul de certaines cotisations plafonnées, notamment l'assurance vieillesse, ainsi qu'au calcul des tranches de retraite complémentaire et des seuils d'exonération. Il existe un plafond horaire, journalier, mensuel et annuel, ce dernier étant égal à douze fois le plafond mensuel.

253. Quelle est la différence entre tranche 1 et tranche 2 en retraite complémentaire ?

La tranche 1 correspond à la fraction de rémunération comprise entre zéro et un plafond mensuel de la sécurité sociale. La tranche 2 correspond à la fraction comprise entre un et huit plafonds. Le régime Agirc-Arrco applique des taux différents à chaque tranche, la tranche 2 supportant un taux plus élevé.

254. Sur quelle assiette se calculent la CSG et la CRDS ?

La CSG et la CRDS se calculent sur 98,25 % de la rémunération brute, majorée de certaines sommes non soumises à cotisations, dans la limite de quatre plafonds annuels de la sécurité sociale ; au-delà, l'assiette est de 100 %. L'abattement de 1,75 % pour frais professionnels ne s'applique qu'aux salaires et allocations de chômage.

255. La CSG est-elle déductible du revenu imposable ?

La CSG se décompose en une fraction déductible du revenu imposable et une fraction non déductible. Seule la fraction déductible vient en diminution du net imposable. La CRDS n'est jamais déductible. Cette distinction explique que le net imposable soit supérieur au net à payer sur un bulletin de paie.

256. Qu'est-ce que la réduction générale des cotisations patronales ?

Anciennement appelée réduction Fillon, elle allège les cotisations patronales sur les rémunérations inférieures à 1,6 SMIC. Elle se calcule en multipliant la rémunération annuelle brute par un coefficient issu d'une formule fondée sur le paramètre T, lequel dépend du taux d'accident du travail et de l'effectif de l'entreprise.

257. Quel est le régime social des heures supplémentaires ?

Les heures supplémentaires bénéficient d'une réduction de cotisations salariales d'assurance vieillesse et d'une exonération d'impôt sur le revenu dans une limite annuelle fixée par la loi. Elles restent soumises à CSG et CRDS. Une déduction forfaitaire de cotisations patronales s'applique dans les entreprises de moins de vingt salariés et, dans une moindre mesure, jusqu'à deux cent cinquante salariés.

258. Comment se calcule la majoration des heures supplémentaires ?

Le Code du travail prévoit une majoration de 25 % pour les huit premières heures au-delà de trente-cinq heures hebdomadaires, puis de 50 % pour les suivantes. Un accord collectif peut prévoir un taux différent, sans pouvoir descendre en dessous de 10 %. Les heures peuvent également être compensées par un repos équivalent.

259. Qu'est-ce qu'une heure complémentaire ?

L'heure complémentaire est l'heure effectuée par un salarié à temps partiel au-delà de la durée contractuelle, sans atteindre la durée légale. Elle est majorée de 10 % dans la limite d'un dixième de la durée contractuelle, puis de 25 % au-delà, sauf accord collectif plus favorable. Elle ne peut porter la durée au niveau du temps plein.

260. Comment se calcule une retenue pour absence ?

La méthode la plus sûre juridiquement consiste à retenir le nombre d'heures réellement non travaillées multiplié par le taux horaire. D'autres méthodes existent, comme la retenue au réel sur la base des heures du mois considéré. La méthode retenue doit être appliquée de manière constante et ne doit jamais désavantager le salarié.

261. Qu'est-ce que le maintien de salaire en cas de maladie ?

En application de la loi de mensualisation et des conventions collectives, l'employeur maintient tout ou partie du salaire pendant l'arrêt maladie, sous conditions d'ancienneté et après un délai de carence. Il perçoit alors les indemnités journalières de la sécurité sociale, soit directement par subrogation, soit par remboursement du salarié.

262. Qu'est-ce que la subrogation ?

La subrogation est le mécanisme par lequel l'employeur qui maintient le salaire perçoit directement les indemnités journalières de sécurité sociale à la place du salarié. Elle est mentionnée dans le signalement d'arrêt de travail en DSN. Comptablement, les indemnités reçues sont enregistrées au crédit du compte 791 Transferts de charges d'exploitation ou 6414 selon la pratique.

263. Comment se calcule l'indemnité de congés payés ?

Deux méthodes sont comparées et la plus favorable au salarié est retenue : la règle du dixième, qui alloue un dixième de la rémunération brute perçue pendant la période de référence, et la règle du maintien de salaire, qui verse la rémunération qu'aurait perçue le salarié s'il avait travaillé. La comparaison est obligatoire.

264. Quels sont les droits à congés payés d'un salarié ?

Le salarié acquiert deux jours et demi ouvrables de congé par mois de travail effectif, soit trente jours ouvrables ou cinq semaines par an pour une année complète. Depuis la loi du 22 avril 2024, les périodes d'arrêt maladie non professionnelle ouvrent également droit à des congés, à raison de deux jours ouvrables par mois dans la limite de vingt-quatre jours.

265. Qu'est-ce qu'un avantage en nature ?

C'est la fourniture par l'employeur d'un bien ou d'un service à titre gratuit ou pour une contribution inférieure à sa valeur réelle. Les principaux avantages sont le véhicule, le logement, la nourriture et les outils issus des nouvelles technologies. Ils sont soumis à cotisations et à impôt, et évalués soit au réel, soit forfaitairement selon des barèmes publiés annuellement.

266. Comment traiter les titres-restaurant en paie ?

La part patronale est exonérée de cotisations sociales et d'impôt sur le revenu à condition de représenter entre 50 % et 60 % de la valeur du titre et de ne pas dépasser un plafond réévalué chaque année. La part salariale est retenue sur le net. Comptablement, la part employeur est une charge en 6478 ou 647.

267. Qu'est-ce que la prime de partage de la valeur ?

Instituée par la loi du 16 août 2022 puis pérennisée, elle permet à l'employeur de verser une prime bénéficiant, sous conditions, d'exonérations sociales et parfois fiscales. Son montant est plafonné et peut être modulé selon des critères objectifs. Elle ne peut se substituer à aucun élément de rémunération existant.

268. Quelles sont les principales cotisations patronales ?

On distingue les cotisations de sécurité sociale — maladie, vieillesse plafonnée et déplafonnée, allocations familiales, accidents du travail —, les cotisations de retraite complémentaire Agirc-Arrco et la contribution d'équilibre général, les contributions d'assurance chômage et AGS, ainsi que les taxes assises sur les salaires : formation professionnelle, apprentissage, effort de construction et versement mobilité.

269. Comment est déterminé le taux d'accident du travail ?

Le taux est notifié annuellement à l'entreprise par la caisse d'assurance retraite et de la santé au travail. Il dépend de l'activité, mesurée par le code risque, et de l'effectif de l'entreprise : taux collectif pour les petites entreprises, taux individuel pour les plus grandes, taux mixte pour les effectifs intermédiaires.

270. Qu'est-ce que le versement mobilité ?

Le versement mobilité est une contribution patronale destinée au financement des transports en commun, due par les employeurs d'au moins onze salariés situés dans une zone où il a été institué par l'autorité organisatrice de la mobilité. Son taux varie selon le territoire. Il est déclaré et payé via la DSN à l'Urssaf.

271. Qu'est-ce que la déclaration sociale nominative ?

La DSN est une déclaration unique, mensuelle et dématérialisée, produite à partir du logiciel de paie et transmise via net-entreprises.fr. Elle remplace la quasi-totalité des déclarations sociales et alimente l'Urssaf, les caisses de retraite, les organismes de prévoyance, France Travail et la direction générale des finances publiques.

272. Quelles sont les échéances de dépôt de la DSN ?

La DSN mensuelle est déposée au plus tard le 5 du mois suivant pour les entreprises d'au moins cinquante salariés pratiquant le décalage de la paie, et le 15 du mois suivant dans tous les autres cas. Les signalements d'événements, comme un arrêt de travail ou une fin de contrat, sont transmis dans les cinq jours.

273. Qu'est-ce qu'un compte rendu métier ?

Le compte rendu métier, ou CRM, est le retour d'information adressé par les organismes destinataires après réception de la DSN. Il signale les anomalies détectées, les taux de prélèvement à la source applicables et les identifiants corrigés. Il doit être consulté systématiquement et les anomalies corrigées dès la déclaration suivante.

274. Qu'est-ce que le prélèvement à la source ?

C'est le mode de recouvrement de l'impôt sur le revenu, en vigueur depuis le 1er janvier 2019, par lequel l'employeur retient l'impôt sur le salaire net imposable et le reverse à la DGFiP. Le taux est transmis à l'employeur par le compte rendu métier de la DSN ; à défaut, un taux neutre issu d'un barème est appliqué.

275. Quelle est l'écriture comptable du prélèvement à la source ?

Lors de l'établissement de la paie, la retenue est portée au crédit du compte 4421 Prélèvement à la source — Impôt sur le revenu, diminuant d'autant le net à payer inscrit au compte 421. Lors du reversement à l'administration fiscale, on débite le compte 4421 et on crédite le compte 512.

276. Quelle est l'écriture de centralisation de la paie ?

On débite le compte 641 Rémunérations du personnel pour le total des salaires bruts, et on crédite le compte 421 Personnel — Rémunérations dues pour le net à payer, les comptes 431 et 437 pour les cotisations salariales, le compte 4421 pour le prélèvement à la source, et le compte 427 pour les oppositions et saisies éventuelles.

277. Quelle est l'écriture des charges patronales ?

On débite le compte 645 Charges de sécurité sociale et de prévoyance pour le total des cotisations patronales, en créditant le compte 431 Sécurité sociale pour la part Urssaf et le compte 437 Autres organismes sociaux pour les parts retraite complémentaire, prévoyance et mutuelle. Les taxes assises sur les salaires sont enregistrées en 631 et 633.

278. Quels comptes utiliser pour le règlement des cotisations ?

Le règlement s'effectue en débitant les comptes 431 et 437 pour leur solde et en créditant le compte 512 Banque. Après le règlement du mois suivant, ces comptes doivent être soldés. Un solde persistant traduit soit un décalage normal d'un mois, soit une anomalie à investiguer.

279. Comment vérifier la cohérence de la comptabilisation de la paie ?

On rapproche le total du compte 641 du total des salaires bruts figurant sur le livre de paie, le solde du compte 421 du total des nets à payer du mois, et les soldes des comptes 431 et 437 des cotisations dues d'après la DSN. On vérifie enfin que le compte 4421 correspond au prélèvement à la source déclaré.

280. Qu'est-ce que le livre de paie ?

Le livre de paie, aujourd'hui remplacé par le journal de paie édité par le logiciel, récapitule pour la période l'ensemble des éléments de rémunération, cotisations et nets à payer de tous les salariés. Il constitue la pièce justificative de l'écriture de centralisation et doit être conservé avec les bulletins.

281. Quelles formalités accomplir avant l'embauche d'un salarié ?

L'employeur doit effectuer la déclaration préalable à l'embauche auprès de l'Urssaf dans les huit jours précédant l'embauche, établir un contrat de travail écrit lorsque la loi l'impose, inscrire le salarié au registre unique du personnel, l'affilier aux organismes de retraite complémentaire, de prévoyance et de mutuelle, et organiser la visite d'information et de prévention.

282. Quels documents remettre à un salarié quittant l'entreprise ?

L'employeur remet le certificat de travail, l'attestation destinée à France Travail transmise par signalement DSN, le reçu pour solde de tout compte, et un état récapitulatif de l'épargne salariale le cas échéant. Il informe également le salarié de ses droits à la portabilité des garanties de prévoyance et de frais de santé.

283. Qu'est-ce que le reçu pour solde de tout compte ?

C'est le document remis au salarié à la fin de son contrat, faisant l'inventaire des sommes versées. Signé par le salarié, il peut être dénoncé dans les six mois, délai au-delà duquel il devient libératoire pour les sommes qui y sont mentionnées. Il doit être établi en double exemplaire.

284. Comment se calcule l'indemnité de fin de contrat à durée déterminée

L'indemnité de précarité est égale à 10 % de la rémunération brute totale versée pendant le contrat. Elle n'est pas due en cas de refus par le salarié d'un contrat à durée indéterminée, de faute grave, de rupture pendant la période d'essai, ni pour les contrats saisonniers, d'usage ou conclus avec un jeune pendant ses vacances scolaires.

285. Comment se calcule l'indemnité légale de licenciement ?

Elle est égale au quart de mois de salaire par année d'ancienneté pour les dix premières années, puis à un tiers de mois par année au-delà. Le salaire de référence est le plus favorable entre la moyenne des douze derniers mois et celle des trois derniers mois. Elle est due dès huit mois d'ancienneté ininterrompue.

286. Quel est le régime social de l'indemnité de licenciement ?

L'indemnité est exonérée de cotisations sociales dans la limite de deux fois le plafond annuel de la sécurité sociale, et dans la limite du montant légal ou conventionnel. Elle est soumise à CSG et CRDS pour la fraction excédant le montant légal ou conventionnel, sans abattement d'assiette. Au-delà de dix plafonds, elle est intégralement assujettie.

287. Comment comptabiliser une indemnité de licenciement ?

L'indemnité est enregistrée au débit du compte 641 ou d'une subdivision dédiée telle que 6414 Indemnités et avantages divers, en créditant le compte 421. Lorsqu'elle présente un caractère exceptionnel important, notamment dans le cadre d'un plan de sauvegarde de l'emploi, elle peut être classée en charges exceptionnelles au compte 6788.

288. Qu'est-ce qu'une saisie sur salaire ?

C'est une procédure par laquelle un créancier obtient le prélèvement d'une fraction du salaire directement auprès de l'employeur. Le montant saisissable est déterminé par un barème progressif fixé par décret, révisé annuellement, et une fraction correspondant au montant du RSA pour une personne seule demeure toujours insaisissable.

289. Comment comptabiliser une saisie sur salaire ?

Le montant retenu est porté au crédit du compte 427 Personnel — Oppositions lors de l'écriture de paie, réduisant d'autant le net à payer. Lors du reversement au créancier ou au commissaire de justice, on débite le compte 427 et on crédite le compte 512 Banque.

290. Qu'est-ce que la mutuelle obligatoire d'entreprise ?

Depuis le 1er janvier 2016, tout employeur doit proposer une couverture complémentaire santé collective, financée à hauteur d'au moins 50 % par l'employeur. Des cas de dispense existent, notamment pour les salariés déjà couverts par ailleurs. La part patronale est soumise à CSG et CRDS et réintégrée dans le net imposable.

291. Quelle différence entre net imposable et net à payer ?

Le net imposable est la base de calcul du prélèvement à la source ; il inclut la CSG non déductible, la CRDS et la part patronale de la mutuelle. Le net à payer est la somme effectivement versée au salarié, après retenue du prélèvement à la source et éventuelles retenues telles que les titres-restaurant ou les saisies.

292. Qu'est-ce que le montant net social ?

Le montant net social correspond au revenu net après déduction de l'ensemble des cotisations et contributions sociales obligatoires, y compris la part salariale de la complémentaire santé. Il est communiqué à l'administration via la DSN et sert de référence commune pour le calcul du RSA et de la prime d'activité.

293. Qu'est-ce que le registre unique du personnel ?

C'est un document obligatoire dans tout établissement employant des salariés, mentionnant dans l'ordre des embauches l'identité, la nationalité, la date de naissance, l'emploi, la qualification, les dates d'entrée et de sortie de chaque salarié. Il doit être tenu à la disposition de l'inspection du travail et conservé cinq ans après le départ du salarié.

294. Quelles sont les principales taxes assises sur les salaires ?

On distingue la contribution à la formation professionnelle et la taxe d'apprentissage, désormais recouvrées par l'Urssaf via la DSN, la participation à l'effort de construction pour les entreprises d'au moins cinquante salariés, la taxe sur les salaires due par les employeurs non assujettis à la TVA sur au moins 90 % de leur chiffre d'affaires, et le versement mobilité.

295. Comment comptabiliser la taxe d'apprentissage ?

Elle est enregistrée au débit du compte 6312 Taxe d'apprentissage, par le crédit du compte 437 Autres organismes sociaux ou 447 Autres impôts selon le circuit de recouvrement. Depuis 2022, la part principale est recouvrée mensuellement par l'Urssaf via la DSN, le solde étant versé annuellement au titre des dépenses libératoires.

296. Quelle est l'incidence des congés payés à la clôture ?

Les congés acquis et non pris à la clôture constituent une dette envers les salariés. On constate une charge à payer : débit des comptes 641 et 645 pour l'indemnité et les charges sociales correspondantes, crédit du compte 428 Personnel — Charges à payer et 438 Organismes sociaux — Charges à payer. L'écriture est contre-passée à l'ouverture.

297. Comment comptabiliser une prime annuelle versée en janvier ?

Si la prime rémunère l'activité de l'exercice écoulé, elle doit y être rattachée par une charge à payer : débit 641 pour la prime et 645 pour les charges patronales, crédit 428 et 438. Cette écriture applique le principe d'indépendance des exercices et est contre-passée à l'ouverture de l'exercice suivant.

298. Comment traiter un acompte sur salaire ?

L'acompte versé en cours de mois est enregistré au débit du compte 425 Personnel — Avances et acomptes et au crédit du compte 512. Lors de l'établissement de la paie, il est déduit du net à payer : le compte 425 est crédité par le débit du compte 421, réduisant d'autant le versement final.

299. Quelle différence entre avance et acompte sur salaire ?

L'acompte correspond au paiement anticipé d'un travail déjà effectué : l'employeur ne peut le refuser pour une quinzaine échue. L'avance correspond au versement d'une somme pour un travail non encore effectué : elle est facultative et son remboursement ne peut excéder un dixième du salaire par échéance.

300. Quels sont les documents obligatoires en matière de durée du travail

L'employeur doit tenir un décompte des heures effectuées lorsque les salariés ne travaillent pas selon le même horaire collectif, afficher les horaires collectifs, tenir à jour le registre des repos compensateurs et, pour les forfaits jours, organiser un entretien annuel sur la charge de travail et l'articulation entre vie professionnelle et vie personnelle.

301. Qu'est-ce que le titre emploi service entreprise ?

Le TESE est un dispositif de l'Urssaf destiné aux entreprises de moins de vingt salariés qui souhaitent simplifier leurs formalités : il assure le calcul des cotisations, l'édition des bulletins de paie et l'établissement des déclarations sociales. L'entreprise conserve la responsabilité de la transmission des éléments variables.

302. Comment traiter un trop-perçu de salaire ?

L'employeur peut demander le remboursement du trop-perçu dans un délai de trois ans. La retenue sur les salaires suivants est limitée au dixième de la rémunération, sauf accord du salarié pour un remboursement plus rapide. Comptablement, la créance est portée au débit du compte 425 ou 4287 selon l'organisation retenue.

303. Qu'est-ce que la convention collective et où la trouver ?

La convention collective est un accord conclu entre organisations d'employeurs et syndicats, qui complète le Code du travail sur les classifications, salaires minima, congés, primes d'ancienneté et préavis. Elle est identifiée par un numéro IDCC et doit figurer sur le bulletin de paie. Son texte est consultable sur legifrance.gouv.fr.

304. Quelles cotisations sont dues sur les indemnités journalières complémentaires ?

Les indemnités journalières complémentaires versées par un organisme de prévoyance et financées en tout ou partie par l'employeur sont soumises à CSG et CRDS, ainsi qu'aux cotisations de sécurité sociale pour la part correspondant au financement patronal. Elles sont également imposables à l'impôt sur le revenu.

305. Qu'est-ce que l'effectif au sens de la sécurité sociale ?

Depuis la loi PACTE, l'effectif est calculé au niveau de l'entreprise, en moyenne du nombre de personnes employées au cours de chacun des mois de l'année civile précédente. Un mécanisme de neutralisation permet de lisser les effets de seuil pendant cinq années civiles consécutives lorsqu'un seuil est franchi.

306. Quelles conséquences le franchissement d'un seuil d'effectif entraîne-t-il ?

Le franchissement de onze salariés déclenche le versement mobilité et modifie les obligations de représentation du personnel ; celui de cinquante salariés déclenche la participation à l'effort de construction, le comité social et économique avec attributions élargies et l'obligation de participation aux résultats. Ces effets sont différés par le mécanisme de neutralisation quinquennale.

307. Comment justifier les comptes de personnel à la clôture ?

On rapproche le compte 421 des nets à payer du dernier mois, le compte 425 des acomptes non encore récupérés, le compte 427 des oppositions non reversées, les comptes 428 et 438 des charges à payer calculées, et les comptes 431 et 437 des cotisations du dernier mois. Chaque solde doit être justifié par un état détaillé.

308. Qu'est-ce que la DOETH ?

La déclaration obligatoire d'emploi des travailleurs handicapés concerne les entreprises d'au moins vingt salariés, tenues d'employer au moins 6 % de travailleurs handicapés. Depuis 2020, elle est intégrée à la DSN et la contribution éventuelle est recouvrée par l'Urssaf. Elle est due annuellement, sur la déclaration de la période d'emploi de février.

309. Quels contrôles opérer sur un bulletin de paie ?

On vérifie la conformité du salaire de base au contrat et aux minima conventionnels, l'exactitude des variables du mois, la cohérence des assiettes et des taux de cotisation, le calcul du net imposable et du net social, l'application du taux de prélèvement à la source issu du compte rendu métier, et la concordance du net à payer avec le virement.

310. Comment sont sécurisées les données de paie ?

Les accès sont limités aux personnes habilitées par des profils nominatifs, les fichiers sont chiffrés, les bulletins électroniques sont déposés dans un coffre-fort numérique, les durées de conservation sont définies dans le registre des traitements, et une procédure de gestion des incidents est prévue conformément au règlement général sur la protection des données.

311. Quelles sanctions en cas de retard de dépôt de la DSN ?

Le dépôt tardif est sanctionné par une pénalité par salarié et par mois de retard, exprimée en pourcentage du plafond mensuel de la sécurité sociale. Des pénalités s'appliquent également en cas d'omission de salarié ou d'inexactitude des données. Les manquements peuvent être régularisés spontanément, ce qui atténue la sanction.

312. Quelle veille sociale le comptable assistant doit-il exercer ?

Il consulte régulièrement les publications de l'Urssaf pour les taux et plafonds, les avenants salariaux de la convention collective applicable, les circulaires de la sécurité sociale, la documentation de net-entreprises.fr sur les évolutions de la norme DSN, et les lois de financement de la sécurité sociale votées en fin d'année.

7. Tableaux de bord et indicateurs de gestion

313. Qu'est-ce qu'un tableau de bord de gestion ?

C'est un document de synthèse regroupant un nombre restreint d'indicateurs pertinents, actualisés périodiquement, destiné à éclairer une décision. Il ne se substitue pas aux comptes annuels : il privilégie la rapidité et la lisibilité sur l'exhaustivité, en acceptant une précision approchée lorsque l'information exacte serait obtenue trop tardivement.

314. Quelles sont les qualités d'un bon indicateur ?

Un bon indicateur est pertinent au regard de l'objectif poursuivi, fiable car issu de données contrôlées, disponible rapidement, compréhensible par son destinataire, et comparable dans le temps ou par rapport à une référence. Il doit enfin être actionnable, c'est-à-dire porter sur un élément que le destinataire peut effectivement influencer.

315. Comment se calcule le taux de marge commerciale ?

La marge commerciale est égale aux ventes de marchandises hors taxes diminuées du coût d'achat des marchandises vendues, lui-même égal aux achats de marchandises corrigés de la variation de stock. Le taux de marge s'obtient en rapportant la marge commerciale aux ventes de marchandises hors taxes, exprimé en pourcentage.

316. Quelle différence entre taux de marge et taux de marque ?

Le taux de marge rapporte la marge au coût d'achat, tandis que le taux de marque rapporte la marge au prix de vente hors taxes. Pour un coût d'achat de 100 et un prix de vente de 150, le taux de marge est de 50 % alors que le taux de marque est de 33,33 %.

317. Comment se calcule le délai moyen de règlement des clients ?

On divise le solde des créances clients toutes taxes comprises, effets escomptés non échus inclus, par le chiffre d'affaires toutes taxes comprises, et on multiplie par 360 pour obtenir un résultat en jours. Un allongement de ce délai signale une dégradation du recouvrement ou un changement de structure de clientèle.

318. Comment se calcule le délai moyen de règlement des fournisseurs ?

On divise le solde des dettes fournisseurs toutes taxes comprises par le montant des achats et charges externes toutes taxes comprises, et on multiplie par 360. Ce ratio doit être comparé aux délais contractuels et aux délais légaux, un dépassement exposant l'entreprise à des sanctions administratives.

319. Comment se calcule la rotation des stocks ?

La durée moyenne de stockage s'obtient en divisant le stock moyen par le coût d'achat des marchandises vendues, puis en multipliant par 360. Le stock moyen est la moyenne du stock initial et du stock final. Le coefficient de rotation, inverse de ce ratio, indique le nombre de fois où le stock se renouvelle dans l'année.

320. Qu'est-ce que le seuil de rentabilité ?

C'est le niveau de chiffre d'affaires pour lequel le résultat est nul, autrement dit celui pour lequel la marge sur coût variable couvre exactement les charges fixes. Il se calcule en divisant les charges fixes par le taux de marge sur coût variable. Au-delà, chaque euro de chiffre d'affaires supplémentaire dégage du résultat.

321. Qu'est-ce que le point mort ?

Le point mort est la date à laquelle le seuil de rentabilité est atteint au cours de l'exercice. Il se calcule en divisant le seuil de rentabilité par le chiffre d'affaires annuel, puis en multipliant par 360 jours ou par 12 mois. Plus il est atteint tôt, plus la sécurité de l'entreprise est grande.

322. Qu'est-ce que la marge de sécurité ?

La marge de sécurité est la différence entre le chiffre d'affaires réalisé et le seuil de rentabilité. Elle mesure la baisse d'activité que l'entreprise peut supporter avant d'enregistrer une perte. Rapportée au chiffre d'affaires, elle donne l'indice de sécurité, exprimé en pourcentage.

323. Qu'est-ce que le fonds de roulement net global ?

C'est l'excédent des ressources stables — capitaux propres, provisions et dettes financières — sur les emplois stables constitués par les immobilisations brutes. Il représente la part des ressources durables qui finance le cycle d'exploitation. Un fonds de roulement positif traduit un financement équilibré des investissements.

324. Qu'est-ce que le besoin en fonds de roulement ?

C'est le besoin de financement engendré par le décalage entre les décaissements et les encaissements du cycle d'exploitation. Il se calcule en additionnant les stocks et les créances d'exploitation, puis en retranchant les dettes d'exploitation. Il varie fortement selon le secteur : négatif dans la grande distribution, élevé dans l'industrie.

325. Comment se calcule la trésorerie nette ?

La trésorerie nette est égale au fonds de roulement net global diminué du besoin en fonds de roulement. Elle peut aussi se calculer directement comme la différence entre la trésorerie active — disponibilités et valeurs mobilières de placement — et la trésorerie passive constituée des concours bancaires courants et soldes créditeurs de banque.

326. Qu'est-ce que la capacité d'autofinancement ?

C'est le flux de trésorerie potentiel dégagé par l'activité, calculé à partir de l'excédent brut d'exploitation augmenté des autres produits encaissables et diminué des autres charges décaissables, ou à partir du résultat net augmenté des dotations et diminué des reprises et du produit des cessions. Elle mesure la capacité à financer les investissements et à rembourser les emprunts.

327. Quels indicateurs sociaux figurent dans un tableau de bord ?

On y trouve l'effectif moyen en équivalent temps plein, le taux d'absentéisme, le taux de rotation du personnel, la masse salariale et son évolution, le coût horaire moyen, le nombre d'heures supplémentaires, le taux de fréquence et de gravité des accidents du travail, et le nombre d'heures de formation par salarié.

328. Comment se calcule le taux d'absentéisme ?

On divise le nombre d'heures d'absence de la période par le nombre d'heures théoriques travaillées, puis on multiplie par cent. Le périmètre des absences retenues doit être précisé : maladie, accident du travail, absences injustifiées, à l'exclusion généralement des congés payés et de la formation, afin d'assurer la comparabilité.

329. Quel graphique choisir selon le message à transmettre ?

L'histogramme convient pour comparer des grandeurs entre catégories, la courbe pour représenter une évolution dans le temps, le diagramme circulaire pour montrer une répartition en parts d'un tout, le nuage de points pour illustrer une corrélation, et le diagramme de Pareto pour mettre en évidence la concentration des causes ou des ventes.

330. Qu'est-ce que l'analyse des écarts ?

C'est la comparaison entre les réalisations et une référence, budget ou exercice précédent. L'écart est décomposé pour en identifier l'origine : effet volume, effet prix, effet de structure. L'analyse doit être suivie d'un commentaire en trois temps : constat chiffré, explication de la cause, proposition d'action corrective.

331. Comment le tableur facilite-t-il l'élaboration des tableaux de bord ?

Le tableur permet d'importer les exports du logiciel comptable, de les traiter par des tableaux croisés dynamiques, de calculer les indicateurs par des formules automatisées, de mettre en évidence les écarts par des mises en forme conditionnelles, et de produire des graphiques dynamiques mis à jour à chaque actualisation des données sources.

332. Quelles précautions prendre lors de la diffusion d'un tableau de bord

Il faut vérifier la fiabilité des données par rapprochement avec la comptabilité, dater le document et préciser la période couverte, indiquer le périmètre et les conventions de calcul retenues, limiter la diffusion aux destinataires habilités compte tenu de la confidentialité des données, et conserver une version archivée de chaque édition.

BLOC 3 — PARTICIPER AUX OPÉRATIONS COMPTABLES DE FIN D'EXERCICE

8. Immobilisations, amortissements et valeurs mobilières de placement

333. Quelle est la définition comptable d'une immobilisation ?

Une immobilisation est un actif identifiable, dont l'entité attend des avantages économiques futurs, qu'elle contrôle du fait d'événements passés, dont la valeur peut être évaluée avec une fiabilité suffisante, et qui est destiné à servir de façon durable à l'activité au-delà de l'exercice en cours.

334. Quelles sont les trois catégories d'immobilisations ?

Les immobilisations incorporelles de la classe 20, telles que les frais d'établissement, les brevets, les logiciels et le fonds commercial ; les immobilisations corporelles de la classe 21, telles que les terrains, constructions, installations techniques, matériel et mobilier ; et les immobilisations financières des classes 26 et 27, telles que les titres de participation, prêts et dépôts de garantie.

335. Quels éléments composent le coût d'acquisition d'une immobilisation ?

Le coût d'acquisition comprend le prix d'achat net des remises, rabais et escomptes obtenus, augmenté des droits de douane et taxes non récupérables, ainsi que de tous les frais directement attribuables engagés pour mettre l'actif en place et en état de fonctionner : transport, installation, montage, essais et honoraires techniques.

336. Les droits de mutation peuvent-ils être immobilisés ?

Oui, sur option. Les droits de mutation, honoraires, commissions et frais d'acte peuvent être incorporés au coût d'acquisition de l'immobilisation ou comptabilisés directement en charges. L'option est globale, s'applique à l'ensemble des immobilisations et doit être appliquée de manière permanente. Elle diffère de l'option retenue fiscalement, ce qui peut créer des écarts.

337. Comment comptabiliser une immobilisation produite par l'entreprise

Les charges engagées sont d'abord enregistrées par nature dans les comptes de classe 6. À l'achèvement, ou à la clôture pour les travaux en cours, on débite le compte d'immobilisation de classe 2 pour le coût de production et on crédite le compte 72 Production immobilisée, qui neutralise les charges enregistrées.

338. Qu'est-ce que la valeur résiduelle d'une immobilisation ?

C'est le montant net que l'entité obtiendrait de la cession de l'actif à la fin de son utilisation, déduction faite des coûts de sortie. Elle n'est prise en compte pour le calcul de la base amortissable que si elle est à la fois significative et mesurable dès l'origine, ce qui reste rare en pratique.

339. Qu'est-ce que la comptabilisation par composants ?

Lorsque des éléments d'une immobilisation ont des durées d'utilisation différentes ou procurent des avantages selon un rythme différent, ils doivent être comptabilisés séparément et amortis sur leur propre durée. Une toiture, un ascenseur ou une chaudière constituent ainsi des composants distincts du gros œuvre d'un immeuble.

340. Qu'est-ce que l'amortissement ?

L'amortissement est la répartition systématique du montant amortissable d'un actif sur sa durée d'utilisation. Il traduit la consommation des avantages économiques attendus de l'actif. Il constitue une charge calculée, non décaissée, qui diminue le résultat et la valeur nette comptable de l'immobilisation sans mouvement de trésorerie.

341. Quels biens ne sont pas amortissables ?

Les terrains, sauf les terrains de gisement, ne sont pas amortissables car leur potentiel de service n'est pas limité dans le temps. Le fonds commercial est présumé non amortissable, sauf durée d'utilisation limitée ; les petites entreprises peuvent toutefois l'amortir sur dix ans. Les immobilisations financières ne s'amortissent pas mais se déprécient.

342. Comment se calcule un amortissement linéaire ?

On divise la base amortissable par la durée d'utilisation exprimée en années, ce qui donne l'annuité constante. La première annuité est réduite prorata temporis, calculée en nombre de jours à compter de la date de mise en service, sur une base de 360 jours par an et 30 jours par mois. La dernière annuité est complétée d'autant.

343. À partir de quelle date commence l'amortissement ?

L'amortissement commence à la date de mise en service du bien, et non à la date d'acquisition ni à la date de facturation. Cette règle est fondamentale : un matériel acheté en novembre mais mis en service en janvier ne donne lieu à aucune dotation sur l'exercice de l'acquisition.

344. Comment fonctionne l'amortissement dégressif ?

C'est un mode fiscal réservé à certains biens d'équipement neufs d'une durée d'utilisation d'au moins trois ans. Le taux linéaire est majoré d'un coefficient. L'annuité se calcule chaque année sur la valeur nette comptable résiduelle. Le prorata de la première année se compte en mois entiers, à partir du premier jour du mois d'acquisition.

345. Quels sont les coefficients de l'amortissement dégressif ?

Le coefficient est de 1,25 pour une durée normale d'utilisation de trois ou quatre ans, de 1,75 pour une durée de cinq ou six ans, et de 2,25 pour une durée supérieure à six ans. Ces coefficients ont été temporairement majorés lors de certains plans de relance, mais les valeurs de droit commun sont celles indiquées.

346. Quand passe-t-on du dégressif au linéaire ?

On bascule dès que le taux d'amortissement linéaire calculé sur la durée restant à courir devient supérieur au taux dégressif. Ce taux linéaire résiduel est égal à 100 divisé par le nombre d'années restantes. Le passage garantit que l'amortissement s'achève exactement à la fin de la durée d'utilisation.

347. Qu'est-ce qu'un amortissement dérogatoire ?

C'est la fraction d'amortissement qui ne correspond pas à l'amortissement économiquement justifié mais qui est admise fiscalement. Elle est comptabilisée au débit du compte 68725 Dotations aux amortissements dérogatoires et au crédit du compte 145 Amortissements dérogatoires, qui figure au passif parmi les provisions réglementées incluses dans les capitaux propres.

348. Comment se comptabilise la reprise d'un amortissement dérogatoire

Lorsque l'amortissement fiscal devient inférieur à l'amortissement économique, la différence donne lieu à une reprise : on débite le compte 145 Amortissements dérogatoires et on crédite le compte 78725 Reprises sur amortissements dérogatoires. Sur la durée totale, dotations et reprises se compensent exactement.

349. Qu'est-ce que l'amortissement par unités d'œuvre ?

C'est un mode d'amortissement fondé sur la consommation réelle des avantages économiques : kilomètres parcourus, heures de fonctionnement, unités produites. L'annuité est proportionnelle à l'activité de l'exercice rapportée au potentiel total. Ce mode reflète mieux la réalité économique pour les matériels dont l'usure dépend de l'intensité d'utilisation.

350. Quelle est l'écriture de dotation aux amortissements ?

On débite le compte 6811 Dotations aux amortissements sur immobilisations incorporelles et corporelles et on crédite le compte 280 ou 281 Amortissements des immobilisations. Il s'agit d'une charge d'exploitation. Au bilan, l'amortissement cumulé figure en déduction de la valeur brute pour donner la valeur nette comptable.

351. Comment se présente le plan d'amortissement ?

Le plan d'amortissement est un tableau établi dès la mise en service, comportant pour chaque exercice la base amortissable, le taux, l'annuité, le cumul des amortissements et la valeur nette comptable. Il est révisé lorsque la durée d'utilisation est modifiée de manière significative ou lorsqu'une dépréciation est constatée.

352. Que se passe-t-il en cas de révision du plan d'amortissement ?

La modification s'applique de manière prospective : la valeur nette comptable à la date de révision est répartie sur la nouvelle durée résiduelle d'utilisation. Les exercices antérieurs ne sont pas rectifiés. Il s'agit d'un changement d'estimation et non d'un changement de méthode, mais il doit être mentionné en annexe.

353. Qu'est-ce qu'un indice de perte de valeur ?

C'est un signal externe ou interne conduisant à tester la valeur d'un actif : baisse importante de la valeur de marché, changement technologique ou réglementaire défavorable, hausse des taux d'intérêt, obsolescence, dégradation physique, plan d'abandon ou de restructuration, ou performance économique inférieure aux prévisions.

354. Comment se détermine une dépréciation d'immobilisation ?

On compare la valeur nette comptable à la valeur actuelle, définie comme la plus élevée de la valeur vénale et de la valeur d'usage. Si la valeur actuelle est notablement inférieure, une dépréciation est constatée pour la différence : débit du compte 6816, crédit du compte 291 ou 290.

355. Quelle différence entre amortissement et dépréciation ?

L'amortissement traduit une consommation irréversible et programmée des avantages économiques, planifiée dès l'origine. La dépréciation constate une perte de valeur non prévue, réversible, résultant d'un événement particulier. Une dépréciation peut faire l'objet d'une reprise si la valeur se rétablit, ce qui n'est jamais le cas d'un amortissement.

356. Quelle est l'incidence d'une dépréciation sur le plan d'amortissement

La dépréciation modifie la base amortissable pour les exercices suivants : la nouvelle base est égale à la valeur nette comptable après dépréciation, diminuée de la valeur résiduelle éventuelle. Elle est répartie sur la durée d'utilisation restant à courir, ce qui réduit les annuités futures.

357. Comment comptabiliser la cession d'une immobilisation ?

Trois écritures sont nécessaires : la constatation du prix de cession au crédit du compte 775 avec la TVA éventuelle ; le complément d'amortissement de l'ouverture à la date de cession au débit du compte 6811 ; et la sortie de l'actif, avec le débit du compte 281 pour les amortissements cumulés, le débit du compte 675 pour la valeur nette comptable et le crédit du compte 21 pour la valeur brute.

358. Comment se détermine le résultat de cession ?

Le résultat de cession est la différence entre le produit enregistré au compte 775 Produits des cessions d'éléments d'actif et la charge enregistrée au compte 675 Valeurs comptables des éléments d'actif cédés. Il apparaît dans le résultat exceptionnel du compte de résultat. Un résultat positif constitue une plus-value comptable.

359. Pourquoi faut-il constater un complément d'amortissement lors d'une cession ?

Parce que le bien a été utilisé du début de l'exercice jusqu'à la date de cession : cette consommation d'avantages économiques doit être constatée en charge. Sans ce complément, la valeur nette comptable serait surévaluée et le résultat de cession faussé. Son oubli est l'une des erreurs les plus fréquentes en épreuve.

360. La cession d'une immobilisation est-elle soumise à TVA ?

Oui lorsqu'il s'agit d'un bien mobilier d'investissement ayant ouvert droit à déduction totale ou partielle lors de son acquisition. La TVA est collectée sur le prix de cession. Les cessions d'immeubles achevés depuis plus de cinq ans sont en principe exonérées, sauf option pour la taxation.

361. Qu'est-ce que la régularisation de TVA en cas de cession ?

Lorsqu'un bien d'investissement est cédé sans TVA avant l'expiration du délai de régularisation — vingt ans pour les immeubles, cinq ans pour les autres biens —, une fraction de la TVA initialement déduite doit être reversée, au prorata des années restant à courir. À l'inverse, une cession taxée peut ouvrir droit à un complément de déduction.

362. Comment comptabiliser la mise au rebut d'une immobilisation ?

La mise au rebut s'analyse comme une cession à prix nul. On constate le complément d'amortissement jusqu'à la date de sortie, puis on solde l'actif : débit du compte 281 pour le cumul des amortissements, débit du compte 675 pour la valeur nette comptable résiduelle, crédit du compte d'immobilisation pour la valeur brute.

363. Qu'est-ce qu'une subvention d'investissement ?

C'est une aide accordée à l'entreprise pour financer l'acquisition ou la création d'une immobilisation. Elle est enregistrée au crédit du compte 131 Subventions d'équipement, en capitaux propres, et non en produit immédiat. Elle est ensuite reprise au résultat au même rythme que l'amortissement du bien financé.

364. Comment se comptabilise la reprise d'une subvention d'investissement ?

On débite le compte 139 Subventions d'investissement inscrites au compte de résultat et on crédite le compte 777 Quote-part de subventions d'investissement virée au résultat de l'exercice. Le montant repris correspond à la fraction de la subvention proportionnelle à l'amortissement pratiqué sur le bien subventionné.

365. Qu'est-ce que le tableau des immobilisations ?

C'est un état de l'annexe qui présente, pour chaque catégorie d'immobilisations, la valeur brute à l'ouverture, les augmentations de l'exercice, les diminutions, et la valeur brute à la clôture. Il est complété par un tableau des amortissements et un tableau des dépréciations obéissant à la même logique de mouvements.

366. Comment justifier le solde des comptes d'immobilisations ?

On rapproche le grand-livre du fichier des immobilisations, qui recense bien par bien la date d'acquisition, le coût, la durée, le mode d'amortissement, les dotations cumulées et la valeur nette comptable. Le total du fichier doit correspondre exactement aux soldes comptables des comptes 2 et 28.

367. Que sont les immobilisations en cours ?

Le compte 23 Immobilisations en cours enregistre les immobilisations non achevées à la clôture, ainsi que les avances et acomptes versés sur commandes d'immobilisations au compte 238. Elles ne sont pas amortissables tant qu'elles ne sont pas mises en service. À l'achèvement, elles sont virées au compte 21 correspondant.

368. Comment traiter les frais d'établissement ?

Les frais de constitution, de premier établissement et d'augmentation de capital peuvent être inscrits à l'actif au compte 201 Frais d'établissement, puis amortis sur une durée maximale de cinq ans. La méthode préférentielle consiste toutefois à les comptabiliser directement en charges de l'exercice où ils sont engagés.

369. Quel est le traitement comptable d'un logiciel ?

Un logiciel acquis est inscrit au compte 205 Concessions, brevets, licences, logiciels et amorti sur sa durée d'utilisation, généralement de un à cinq ans. Un logiciel créé en interne peut être immobilisé si les conditions techniques et économiques du projet sont réunies. Les logiciels de faible valeur peuvent être passés directement en charges.

370. Comment traiter les frais de recherche et développement ?

Les frais de recherche fondamentale et appliquée sont obligatoirement comptabilisés en charges. Les frais de développement peuvent, sur option, être inscrits à l'actif au compte 203 si le projet a de sérieuses chances de réussite technique et de rentabilité commerciale. Ils sont alors amortis sur leur durée d'utilisation, cinq ans au maximum en général.

371. Qu'est-ce que le fonds commercial ?

Le fonds commercial est l'élément incorporel du fonds de commerce comprenant la clientèle, l'achalandage, le nom commercial et l'enseigne, qui n'est pas évaluable séparément. Il est inscrit au compte 207. Il est présumé avoir une durée d'utilisation non limitée et n'est donc pas amorti, mais fait l'objet d'un test de dépréciation annuel.

372. Qu'est-ce qu'un titre de participation ?

C'est un titre dont la possession durable est estimée utile à l'activité de l'entreprise, notamment parce qu'elle permet d'exercer une influence ou un contrôle sur la société émettrice. Il est enregistré au compte 261. La détention de plus de 10 % du capital fait présumer cette qualification.

373. Comment évaluer les titres de participation à la clôture ?

Ils sont évalués à leur valeur d'utilité, appréciée en fonction de la rentabilité, des capitaux propres, des perspectives d'activité et de la conjoncture. Si cette valeur est inférieure au coût d'entrée, une dépréciation est constatée au débit du compte 6866 et au crédit du compte 296. Les plus-values latentes ne sont pas comptabilisées.

374. Que sont les valeurs mobilières de placement ?

Ce sont des titres acquis en vue de réaliser un gain à brève échéance, sans intention de détention durable. Elles figurent en classe 50 : compte 503 pour les actions, 506 pour les obligations, 5081 pour les bons du Trésor. Elles constituent un élément de la trésorerie active en analyse financière.

375. Comment comptabiliser l'acquisition de valeurs mobilières de placement ?

On débite le compte 50 concerné pour le prix d'acquisition et on crédite le compte 512 Banque. Les frais d'acquisition peuvent, sur option, être incorporés au coût d'entrée ou comptabilisés en charges au compte 627

Services bancaires. Cette option s'applique de manière permanente à l'ensemble des titres.

376. Comment sont évaluées les valeurs mobilières de placement à la clôture ?

Les titres cotés sont évalués au cours moyen du dernier mois de l'exercice ; les titres non cotés le sont à leur valeur probable de négociation. Si la valeur d'inventaire est inférieure au coût d'entrée, une dépréciation est constatée. Les plus-values latentes ne sont jamais enregistrées, en application du principe de prudence.

377. Quelle est l'écriture de dépréciation des valeurs mobilières de placement ?

On débite le compte 6866 Dotations aux dépréciations des éléments financiers et on crédite le compte 590 Dépréciations des valeurs mobilières de placement. La reprise s'effectue en sens inverse par le crédit du compte 7866. La dépréciation figure en déduction du poste à l'actif du bilan.

378. Peut-on compenser plus-values et moins-values latentes sur titres ?

En principe non, en application du principe de non-compensation. Une exception existe toutefois pour les titres cotés de même nature conférant les mêmes droits, pour lesquels une compensation peut être opérée à l'intérieur d'un même ensemble homogène. Cette exception doit être mentionnée en annexe.

379. Comment comptabiliser la cession de valeurs mobilières de placement ?

Si le prix de cession excède le coût d'entrée, on enregistre le produit net au crédit du compte 767 Produits nets sur cessions de valeurs mobilières de placement. Dans le cas inverse, la charge nette est portée au débit du compte 667. Le compte 50 est soldé pour la valeur d'entrée et la dépréciation éventuelle est reprise.

380. Comment comptabiliser les revenus des valeurs mobilières de placement ?

Les dividendes et intérêts perçus sont enregistrés au crédit du compte 764 Revenus des valeurs mobilières de placement, par le débit du compte 512 pour le montant net encaissé. Les prélèvements sociaux et l'acompte d'impôt éventuellement retenus à la source figurent en compte de tiers ou en charge selon leur nature.

381. Que sont les intérêts courus sur obligations ?

Ce sont les intérêts acquis depuis la dernière échéance jusqu'à la date de clôture, non encore encaissés. Ils sont rattachés à l'exercice par le débit du compte 5088 Intérêts courus sur obligations et le crédit du compte 764. L'écriture est contre-passée à l'ouverture de l'exercice suivant.

382. Qu'est-ce qu'un prêt accordé par l'entreprise et comment le comptabiliser ?

Le prêt est une immobilisation financière enregistrée au débit du compte 274 Prêts, par le crédit du compte 512. Les remboursements en capital créditent le compte 274. Les intérêts perçus sont enregistrés au crédit du compte 762 Produits des autres immobilisations financières, avec constatation des intérêts courus en 2768 à la clôture.

383. Comment traiter un dépôt de garantie versé ?

Le dépôt de garantie versé, par exemple pour un local ou un compteur, est enregistré au débit du compte 275 Dépôts et cautionnements versés. Il n'est ni amorti ni déprécié tant que sa récupération n'est pas compromise. Il est soldé lors de la restitution, par le débit du compte 512.

384. Quels contrôles opérer sur les immobilisations à l'inventaire ?

On vérifie l'existence physique des biens par inventaire, la cohérence entre le fichier des immobilisations et la comptabilité, l'exhaustivité des mises en service et des sorties, l'exactitude des durées et modes d'amortissement, la prise en compte des indices de perte de valeur, et la correcte imputation entre charges et immobilisations.

385. Que se passe-t-il si une immobilisation totalement amortie est encore utilisée ?

Elle reste inscrite au bilan pour sa valeur brute, avec un amortissement cumulé égal, donc une valeur nette comptable nulle. Aucune dotation nouvelle n'est possible. Elle demeure au fichier des immobilisations tant qu'elle est utilisée, et n'en sort qu'à sa cession ou à sa mise au rebut effective.

386. Comment traiter un échange d'immobilisations ?

L'échange s'analyse comme une double opération : une cession de l'ancien bien et une acquisition du nouveau. Le bien reçu est inscrit à sa valeur vénale, et le résultat de cession du bien remis est constaté par les comptes 775 et 675. La soulte éventuellement versée ou reçue transite par un compte de tiers.

387. Comment comptabiliser une immobilisation acquise en devises ?

Le bien est enregistré au cours de change du jour de l'opération, ce qui fixe définitivement sa valeur d'entrée. La dette envers le fournisseur étranger est en revanche réévaluée à la clôture, générant un écart de conversion au compte 476 ou 477, et le cas échéant une provision pour perte de change.

388. Qu'est-ce qu'une sortie d'immobilisation par destruction accidentelle ?

En cas de sinistre, l'immobilisation est sortie de l'actif comme lors d'une mise au rebut, par les comptes 281 et 675. L'indemnité d'assurance perçue est enregistrée au crédit du compte 7788 Produits exceptionnels divers ou 775 selon l'analyse retenue. La différence traduit le gain ou la perte lié au sinistre.

389. Que recouvre le compte 2145 ?

Le compte 2145 Constructions sur sol d'autrui enregistre les constructions édifiées sur un terrain dont l'entreprise n'est pas propriétaire, généralement dans le cadre d'un bail à construction ou d'un bail commercial. Elles sont amorties sur la durée du bail lorsque celle-ci est inférieure à la durée d'utilisation du bien.

390. Quelle différence entre les comptes 2154 et 2183 ?

Le compte 2154 Matériel industriel enregistre les équipements utilisés pour la production. Le compte 2183 Matériel de bureau et matériel informatique enregistre les équipements administratifs. Cette distinction est utile pour le suivi analytique et pour l'application éventuelle de l'amortissement dégressif, réservé à certains biens industriels.

391. Comment traiter les pièces de rechange et de sécurité ?

Les pièces de rechange principales et le stock de pièces de sécurité qui ne peuvent être utilisés qu'avec une immobilisation donnée, et dont l'utilisation est attendue sur plus d'un exercice, sont immobilisés et amortis. Les pièces de rechange courantes sont en revanche comptabilisées en stocks ou directement en charges.

392. Comment traiter des dépenses d'entretien programmé ?

Les dépenses de gros entretien faisant l'objet de programmes pluriannuels peuvent, sur option, être traitées soit par la constitution d'une provision pour gros entretien au compte 1572, soit par la comptabilisation d'un composant de deuxième catégorie amorti sur la période séparant deux grandes révisions. L'option est globale et permanente.

393. Quelles informations l'annexe doit-elle donner sur les immobilisations ?

L'annexe indique les méthodes d'évaluation retenues, les durées et modes d'amortissement par catégorie, le tableau des mouvements de valeurs brutes, d'amortissements et de dépréciations, les engagements de crédit-bail avec la valeur des biens et les redevances restant à payer, ainsi que les changements d'estimation intervenus.

394. Quel est le lien entre immobilisations et capacité d'autofinancement

Les dotations aux amortissements sont des charges calculées non décaissées : elles diminuent le résultat sans affecter la trésorerie. La capacité d'autofinancement les réintègre donc au résultat net, tout comme elle retranche les produits de cession, afin de mesurer le flux de trésorerie potentiel généré par l'activité.

9. Stocks, créances et dettes d'exploitation à l'inventaire

395. Qu'est-ce qu'un stock au sens comptable ?

Le stock est un actif détenu pour être vendu dans le cours normal de l'activité, en cours de production pour une telle vente, ou destiné à être consommé dans le processus de production ou de prestation de services. Il figure en classe 3 et constitue un élément de l'actif circulant.

396. Quels sont les principaux comptes de stocks ?

Le compte 31 enregistre les matières premières, le 32 les autres approvisionnements dont les emballages, le 33 les en-cours de production de biens, le 34 les en-cours de services, le 35 les stocks de produits finis et intermédiaires, et le 37 les stocks de marchandises destinées à la revente en l'état.

397. Qu'est-ce que l'inventaire physique ?

C'est le recensement effectif, au moins une fois par an, des éléments en stock, en quantité et en valeur. Il est obligatoire en application de l'article L. 123-12 du Code de commerce. Il donne lieu à un état détaillé signé, conservé à l'appui des comptes annuels, et justifie les écritures de variation de stocks.

398. Qu'est-ce que l'inventaire intermittent ?

C'est la méthode retenue par le Plan comptable général pour la comptabilité générale : les achats sont enregistrés en charges au fur et à mesure, et les comptes de stocks ne sont mouvementés qu'à la clôture. Le stock initial est annulé et le stock final constaté, la différence apparaissant dans les comptes de variation.

399. Quelle est l'écriture d'annulation du stock initial de marchandises ?

On débite le compte 6037 Variation des stocks de marchandises et on crédite le compte 37 Stocks de marchandises pour le montant du stock figurant au bilan d'ouverture. Cette écriture solde le compte de stock, qui recevra ensuite la valeur du stock final constaté à l'inventaire.

400. Quelle est l'écriture de constatation du stock final de marchandises ?

On débite le compte 37 Stocks de marchandises et on crédite le compte 6037 Variation des stocks de marchandises pour la valeur du stock à la clôture, telle qu'elle résulte de l'inventaire physique valorisé. Le solde du compte 6037 traduit alors la variation nette du stock sur l'exercice.

401. Comment interpréter le solde du compte 6037 ?

Un solde débiteur signifie que le stock a diminué : la consommation excède les achats, ce qui augmente les charges. Un solde créditeur signifie que le stock a augmenté : une partie des achats n'a pas été consommée, ce qui diminue les charges. Le compte de variation corrige ainsi les achats pour obtenir la consommation.

402. Quelle particularité présentent les stocks de produits finis ?

Ils sont enregistrés par le compte 713 Variation des stocks de produits, qui figure au compte de résultat parmi les produits d'exploitation et non parmi les charges. Un stock final supérieur au stock initial génère donc un produit, appelé production stockée, qui neutralise les charges engagées pour produire ces biens.

403. Comment se calcule le coût d'acquisition d'un stock ?

Le coût d'acquisition comprend le prix d'achat net des remises, rabais et ristournes obtenus, majoré des droits de douane et taxes non récupérables ainsi que des frais accessoires d'achat directement attribuables : transport, manutention, assurance sur transport, commissions. L'escompte de règlement est exclu du coût d'acquisition.

404. Comment se calcule le coût de production d'un stock ?

Le coût de production comprend le coût des matières consommées, les charges directes de production et une quote-part de charges indirectes de production, déterminée sur la base d'une capacité normale d'activité. Les charges d'administration générale, de distribution et de recherche en sont exclues, sauf conditions particulières d'exploitation.

405. Quelles méthodes de valorisation des sorties sont admises ?

Le Plan comptable général admet le coût unitaire moyen pondéré, calculé après chaque entrée ou en fin de période, et la méthode du premier entré, premier sorti dite PEPS ou FIFO. La méthode du dernier entré, premier sorti, dite LIFO, est interdite en comptabilité française bien qu'admise dans certains référentiels étrangers.

406. Comment se calcule le coût unitaire moyen pondéré ?

On divise la valeur totale des entrées en stock, y compris le stock initial, par la quantité totale correspondante. Ce coût moyen est ensuite appliqué aux sorties. Le calcul peut être effectué après chaque entrée, ce qui donne un coût variable dans le temps, ou en fin de période sur l'ensemble des mouvements.

407. Quand faut-il déprécier un stock ?

Lorsque la valeur actuelle du stock, c'est-à-dire sa valeur nette de réalisation, devient inférieure à son coût d'entrée. La valeur nette de réalisation correspond au prix de vente estimé diminué des coûts nécessaires pour achever le bien et réaliser la vente. Les causes usuelles sont l'obsolescence, la détérioration et la baisse des cours.

408. Quelle est l'écriture de dépréciation d'un stock ?

On débite le compte 6817 Dotations aux dépréciations des actifs circulants et on crédite le compte 39 Dépréciations des stocks et en-cours. À la clôture suivante, la dépréciation antérieure est intégralement reprise au crédit du compte 7817 et une nouvelle dépréciation est calculée sur le stock final.

409. Pourquoi reprend-on intégralement la dépréciation des stocks ?

Parce que le stock lui-même est intégralement renouvelé comptablement : le stock initial est annulé et le stock final constaté. La dépréciation, qui se rapporte à des biens sortis du bilan, devient sans objet et doit donc être reprise en totalité, une nouvelle dépréciation étant calculée sur les biens présents à la clôture.

410. Qu'est-ce qu'un stock en dépôt ou en consignation ?

Ce sont des marchandises détenues physiquement par un tiers mais dont l'entreprise reste propriétaire, ou inversement. Elles doivent être inscrites au bilan du propriétaire juridique. Le comptable doit donc recenser les stocks détenus chez des tiers et exclure ceux détenus pour le compte d'autrui, sous peine de fausser l'inventaire.

411. Comment traiter des marchandises en cours de route à la clôture ?

Si le transfert de propriété est intervenu, la marchandise doit figurer au stock de l'acheteur même si elle n'est pas encore réceptionnée, avec la dette fournisseur correspondante. Le critère est celui des conditions de livraison stipulées au contrat, notamment les incoterms, qui déterminent le moment du transfert des risques et de la propriété.

412. Quels contrôles opérer sur les stocks à l'inventaire ?

On vérifie la réalité et l'exhaustivité du comptage, la valorisation conforme à la méthode retenue et à la permanence des méthodes, la séparation correcte des exercices pour les entrées et sorties de fin de période, l'identification des articles obsolètes ou à rotation lente, et la cohérence de la marge dégagée.

413. Comment se calcule la variation de stock dans le compte de résultat ?

La variation de stock est égale au stock initial diminué du stock final pour les approvisionnements et marchandises. Elle vient s'ajouter aux achats pour obtenir la consommation de l'exercice. Pour les stocks de produits, la variation se calcule en sens inverse : stock final moins stock initial, et figure en produits.

414. Quand une créance doit-elle être considérée comme douteuse ?

Dès qu'un événement rend le recouvrement incertain : impayé non régularisé, contestation sérieuse du client, procédure de sauvegarde, redressement ou liquidation judiciaire, disparition du débiteur, ou simple ancienneté anormale de la créance combinée à l'absence de réponse aux relances successives.

415. Quelle est l'écriture de reclassement d'une créance douteuse ?

On débite le compte 416 Clients douteux ou litigieux et on crédite le compte 411 Clients pour le montant toutes taxes comprises de la créance. Cette écriture ne modifie ni le total du bilan ni le résultat : elle isole simplement les créances à risque afin d'en assurer le suivi et la dépréciation.

416. Sur quelle base se calcule la dépréciation d'une créance ?

La dépréciation se calcule exclusivement sur le montant hors taxes de la perte probable, car la TVA collectée sera récupérée auprès du Trésor si la créance devient définitivement irrécouvrable. Appliquer le pourcentage de perte au montant toutes taxes comprises constitue l'erreur la plus sanctionnée à l'examen.

417. Comment déterminer l'ajustement d'une dépréciation existante ?

On compare la dépréciation nécessaire à la clôture, calculée sur la perte probable hors taxes, à la dépréciation figurant au bilan d'ouverture. Si la première est supérieure, on constate une dotation complémentaire au compte 68174 ; si elle est inférieure, on constate une reprise au compte 78174. Seule la différence est enregistrée.

418. Quelle écriture pour une créance devenue totalement irrécouvrable ?

On débite le compte 654 Pertes sur créances irrécouvrables pour le montant hors taxes, le compte 44571 TVA collectée pour la taxe récupérée, et on crédite le compte 416 pour le montant toutes taxes comprises. On reprend ensuite intégralement la dépréciation correspondante par le débit du compte 491 et le crédit du compte 78174.

419. Une créance irrécouvrable sur un client non douteux se comptabilise-t-elle différemment ?

Oui : si la créance n'avait jamais été reclassée en douteuse, la perte est constatée directement à partir du compte 411. On débite les comptes 654 et 44571 et on crédite le compte 411. Aucune reprise de dépréciation n'est à effectuer puisque aucune dépréciation n'avait été constituée.

420. Quelles pièces justifient une créance irrécouvrable ?

Un certificat d'irrécouvrabilité délivré par le mandataire judiciaire, un procès-verbal de carence établi par un commissaire de justice, une décision de justice constatant l'insolvabilité, ou la preuve de la disparition du débiteur. La simple ancienneté ou l'abandon des poursuites pour raison d'opportunité ne suffisent pas fiscalement.

421. Comment traiter les créances et dettes en devises à la clôture ?

Elles sont converties au cours de change de clôture. Une perte latente est portée au débit du compte 476 Différences de conversion — Actif, un gain latent au crédit du compte 477 Différences de conversion — Passif. Le gain latent n'est pas comptabilisé en produit, en application du principe de prudence.

422. Faut-il provisionner une perte latente de change ?

Oui. La perte latente constatée au compte 476 doit donner lieu à une provision pour perte de change : débit du compte 6865 Dotations aux provisions financières, crédit du compte 1515 Provisions pour pertes de change. Cette provision applique le principe de prudence et est reprise à l'ouverture de l'exercice suivant.

423. Qu'est-ce qu'une charge à payer ?

C'est une charge dont le fait générateur est intervenu avant la clôture, dont le montant est connu avec une précision suffisante, mais dont la facture ou le justificatif n'est pas encore parvenu. Elle est rattachée à l'exercice par une écriture de régularisation utilisant un compte de tiers rattaché terminé par 8.

424. Citez les principaux comptes de charges à payer.

Le compte 408 Fournisseurs — Factures non parvenues, le compte 4286 Personnel — Autres charges à payer, le compte 4386 Organismes sociaux — Autres charges à payer, le compte 4486 État — Autres charges à payer, le compte 1688 Intérêts courus sur emprunts et le compte 4198 Rabais, remises et ristournes à accorder.

425. Quelle est l'écriture d'une charge à payer avec TVA ?

On débite le compte de charge concerné pour le montant hors taxes et le compte 44586 TVA sur factures non parvenues pour la taxe, en créditant le compte 408 Fournisseurs — Factures non parvenues pour le montant toutes taxes comprises. L'écriture est contre-passée à l'ouverture de l'exercice suivant.

426. Qu'est-ce qu'un produit à recevoir ?

C'est un produit acquis à l'exercice, correspondant à une prestation exécutée ou une livraison effectuée, mais non encore facturé à la clôture. Il est rattaché à l'exercice par une écriture de régularisation. Les principaux comptes sont 418 Clients — Produits non encore facturés, 4387 et 4487 pour les produits à recevoir sur organismes et État.

427. Quelle est l'écriture d'un produit à recevoir avec TVA ?

On débite le compte 418 Clients — Produits non encore facturés pour le montant toutes taxes comprises, et on crédite le compte de produit concerné pour le hors taxes ainsi que le compte 44587 TVA sur factures à établir pour la taxe. L'écriture est contre-passée à l'ouverture de l'exercice suivant.

428. Qu'est-ce qu'une charge constatée d'avance ?

C'est une charge enregistrée au cours de l'exercice mais qui concerne en tout ou partie l'exercice suivant. Elle est neutralisée à la clôture par le débit du compte 486 Charges constatées d'avance et le crédit du compte de charge concerné, pour le montant hors taxes correspondant à la période postérieure à la clôture.

429. La TVA est-elle concernée par les charges constatées d'avance ?

Non. La TVA a été régulièrement déduite lors de la comptabilisation de la facture, et le droit à déduction n'est pas remis en cause par le rattachement de la charge à un exercice ultérieur. La régularisation porte donc uniquement sur le montant hors taxes de la charge.

430. Qu'est-ce qu'un produit constaté d'avance ?

C'est un produit enregistré au cours de l'exercice mais qui concerne l'exercice suivant, par exemple un loyer ou un abonnement encaissé d'avance. Il est neutralisé par le débit du compte de produit et le crédit du compte 487 Produits constatés d'avance, pour le montant hors taxes correspondant à la période postérieure.

431. Pourquoi contre-passe-t-on les écritures de régularisation ?

Parce qu'elles sont provisoires : elles corrigent le rattachement des charges et produits à la clôture. À l'ouverture de l'exercice suivant, la contre-passation restitue la situation normale, ce qui permet ensuite de comptabiliser la facture réelle sans double emploi lorsqu'elle parvient à l'entreprise.

432. Comment calculer une charge constatée d'avance sur une prime d'assurance ?

On détermine la fraction de la période de couverture postérieure à la clôture, généralement en nombre de mois ou de jours, et on applique cette proportion à la prime hors taxes. Par exemple, une prime annuelle payée le 1er septembre est constatée d'avance à hauteur de huit douzièmes au 31 décembre.

433. Qu'est-ce qu'une provision pour risques et charges ?

C'est un passif dont l'échéance ou le montant n'est pas fixé de façon précise. Elle est comptabilisée lorsqu'il existe une obligation à l'égard d'un tiers à la clôture, qu'il est probable ou certain qu'elle entraînera une sortie de ressources sans contrepartie au moins équivalente, et que le montant peut être estimé de façon fiable.

434. Quelle différence entre provision et dépréciation ?

La provision pour risques et charges est un passif figurant en classe 15, correspondant à une obligation envers un tiers. La dépréciation est une correction de la valeur d'un actif, enregistrée en classe 29, 39, 49 ou 59. La provision augmente le passif, la dépréciation diminue l'actif.

435. Quelle différence entre provision et charge à payer ?

La charge à payer est certaine dans son principe, son montant et son échéance : seule la facture manque. La provision porte sur un événement dont la réalisation, le montant ou la date restent incertains. Un litige prud'homal donne lieu à provision ; une facture d'électricité consommée non reçue donne lieu à charge à payer.

436. Citez cinq provisions pour risques et charges usuelles.

La provision pour litiges au compte 1511, la provision pour garanties données aux clients au compte 1512, la provision pour pertes de change au compte 1515, la provision pour pensions et obligations similaires au compte 153, et la provision pour gros entretien ou grandes révisions au compte 1572.

437. Quelle est l'écriture de dotation à une provision pour litige ?

On débite le compte 6815 Dotations aux provisions d'exploitation et on crédite le compte 1511 Provisions pour litiges pour le montant estimé du risque. Lorsque le risque présente un caractère financier ou exceptionnel, la dotation est enregistrée respectivement au compte 6865 ou 6875.

438. Comment traiter une provision devenue sans objet ?

Elle doit être reprise intégralement : on débite le compte de provision de classe 15 et on crédite le compte 7815, 7865 ou 7875 selon la nature de la dotation initiale. La reprise constitue un produit qui vient augmenter le résultat de l'exercice au cours duquel le risque disparaît.

439. Une provision pour renouvellement d'immobilisation est-elle admise

Non. Le renouvellement d'une immobilisation ne constitue pas une obligation envers un tiers mais une décision de gestion future. Une telle provision est donc interdite. Le remplacement doit être anticipé par l'amortissement du bien existant, et le cas échéant par la comptabilisation d'un composant de deuxième catégorie.

440. Quelles provisions sont fiscalement déductibles ?

La provision est déductible si elle est destinée à faire face à une perte ou une charge elle-même déductible, si cette perte est nettement précisée quant à sa nature et son montant, si elle est probable et non simplement éventuelle, si elle résulte d'événements en cours à la clôture, et si elle est effectivement comptabilisée et figure au relevé spécial.

441. Comment justifier une provision à la clôture ?

Par un dossier constitué des pièces établissant l'existence de l'obligation : assignation, courrier de mise en cause, avis d'un conseil, historique statistique pour les garanties, tableau de calcul détaillé. Ce dossier est indispensable tant pour la révision comptable que pour la défense de la déductibilité en cas de contrôle fiscal.

10. Emprunts, résultat et états financiers

442. Comment comptabiliser la mise en place d'un emprunt bancaire ?

On débite le compte 512 Banque pour le montant reçu et on crédite le compte 164 Emprunts auprès des établissements de crédit pour le capital emprunté. Les frais de dossier sont enregistrés au débit du compte 627 ou, sur option, au compte 4816 Frais d'émission des emprunts à étaler sur la durée du prêt.

443. Quelle est l'écriture d'une échéance d'emprunt ?

On débite le compte 164 Emprunts pour la part de capital remboursée, le compte 661 Charges d'intérêts pour les intérêts de la période, et le compte 616 Primes d'assurances pour l'assurance emprunteur éventuelle ; on crédite le compte 512 Banque pour le montant total prélevé.

444. Comment se présente un tableau d'amortissement d'emprunt ?

Il comporte, pour chaque échéance, le capital restant dû en début de période, l'intérêt calculé sur ce capital, l'amortissement du capital, l'annuité totale et le capital restant dû en fin de période. Il constitue la pièce justificative du solde du compte 164 et permet de ventiler la dette par échéance en annexe.

445. Quelle différence entre emprunt à annuités constantes et à amortissement constant ?

Dans l'emprunt à amortissement constant, la part de capital remboursée est identique à chaque échéance et l'annuité décroît. Dans l'emprunt à annuités constantes, l'annuité est fixe : la part d'intérêt décroît tandis que la part de capital croît. L'annuité constante se calcule par la formule a égale C multiplié par i divisé par un moins un plus i puissance moins n.

446. Qu'est-ce qu'un emprunt in fine ?

C'est un emprunt dont le capital est intégralement remboursé à la dernière échéance, seuls les intérêts étant versés pendant la durée du prêt. Il permet de préserver la trésorerie pendant la période, mais le coût total en intérêts est plus élevé puisque le capital restant dû ne diminue pas.

447. Que sont les intérêts courus non échus sur emprunt ?

Ce sont les intérêts acquis au prêteur entre la dernière échéance et la date de clôture, non encore payés. Ils doivent être rattachés à l'exercice : débit du compte 661 Charges d'intérêts, crédit du compte 1688 Intérêts courus sur emprunts. L'écriture est contre-passée à l'ouverture de l'exercice suivant.

448. Comment calculer les intérêts courus au 31 décembre ?

On applique le taux d'intérêt annuel au capital restant dû après la dernière échéance, puis on proratise sur le nombre de jours écoulés entre cette échéance et le 31 décembre, sur une base de 360 ou 365 jours selon la convention du contrat. Le tableau d'amortissement fournit les données nécessaires.

449. Comment ventiler les emprunts par échéance en annexe ?

L'état des dettes ventile le capital restant dû en trois tranches : à un an au plus, à plus d'un an et cinq ans au plus, et à plus de cinq ans. Cette ventilation, issue du tableau d'amortissement, éclaire le lecteur sur la structure d'exigibilité de l'endettement de l'entreprise.

450. Qu'est-ce qu'un compte courant d'associé ?

C'est une avance de fonds consentie par un associé à la société, enregistrée au crédit du compte 455 Associés — Comptes courants. Elle constitue une dette de la société, remboursable selon les modalités convenues. Les intérêts servis sont enregistrés au compte 6615, leur déductibilité fiscale étant plafonnée par un taux de référence.

451. Comment déterminer le résultat de l'exercice ?

On solde les comptes de charges de la classe 6 et les comptes de produits de la classe 7 par le compte 12 Résultat de l'exercice. Un solde créditeur traduit un bénéfice inscrit au compte 120, un solde débiteur une perte inscrite au compte 129. Le résultat figure ensuite au passif du bilan dans les capitaux propres.

452. Quels sont les trois niveaux de résultat du compte de résultat ?

Le résultat d'exploitation traduit la performance de l'activité courante. Le résultat financier découle des produits et charges liés au financement et aux placements. Leur somme constitue le résultat courant avant impôts. Le résultat exceptionnel regroupe les opérations non récurrentes, notamment les cessions d'actifs.

453. Qui décide de l'affectation du résultat ?

L'assemblée générale ordinaire des associés ou actionnaires, qui doit se réunir dans les six mois de la clôture de l'exercice. Sa décision est consignée dans un procès-verbal, pièce justificative de l'écriture d'affectation. Dans une entreprise individuelle, le résultat est simplement viré au compte de l'exploitant.

454. Quelles sont les règles de dotation à la réserve légale ?

Dans les sociétés à responsabilité limitée et les sociétés par actions, il doit être affecté 5 % du bénéfice de l'exercice, diminué le cas échéant des pertes antérieures, à la réserve légale, jusqu'à ce que celle-ci atteigne 10 % du capital social. Cette dotation est obligatoire et prioritaire sur toute distribution.

455. Dans quel ordre s'effectue l'affectation du résultat ?

On apure d'abord le report à nouveau débiteur, puis on dote la réserve légale, ensuite les réserves statutaires, puis les réserves facultatives selon la décision de l'assemblée, on distribue enfin les dividendes, et le solde éventuel est porté au report à nouveau créditeur au compte 110.

456. Quelle est l'écriture d'affectation d'un bénéfice avec distribution ?

On débite le compte 120 Résultat de l'exercice pour la totalité du bénéfice, et on crédite les comptes 1061 Réserve légale, 1068 Autres réserves, 457 Associés — Dividendes à payer et 110 Report à nouveau selon la répartition décidée. Le compte 120 doit être intégralement soldé.

457. Comment comptabiliser le paiement des dividendes ?

On débite le compte 457 Associés — Dividendes à payer et on crédite le compte 512 Banque pour le montant net versé, ainsi que les comptes de tiers correspondant au prélèvement forfaitaire non libératoire et aux prélèvements sociaux retenus à la source lorsque les bénéficiaires sont des personnes physiques.

458. Comment traiter une perte de l'exercice ?

Le compte 129 Résultat de l'exercice — perte est soldé par le débit du compte 119 Report à nouveau — solde débiteur, ou par imputation sur un report à nouveau créditeur existant, sur les réserves facultatives, voire sur la réserve légale en dernier recours. L'imputation sur le capital suppose une réduction de capital formalisée.

459. Qu'est-ce que le report à nouveau ?

C'est la fraction du résultat dont l'affectation est différée à un exercice ultérieur. Le compte 110 enregistre un report créditeur, correspondant à des bénéfices non distribués ; le compte 119 enregistre un report débiteur, correspondant à des pertes non apurées. Ces comptes figurent dans les capitaux propres du bilan.

460. Quelles sont les grandes masses du bilan ?

À l'actif : l'actif immobilisé, l'actif circulant comprenant stocks, créances et disponibilités, et les comptes de régularisation. Au passif : les capitaux propres, les provisions pour risques et charges, les dettes financières et d'exploitation, et les comptes de régularisation. L'actif est classé par liquidité croissante, le passif par exigibilité croissante.

461. Que comprennent les capitaux propres ?

Ils comprennent le capital social, les primes liées au capital, les écarts de réévaluation, les réserves légale, statutaires et facultatives, le report à nouveau, le résultat de l'exercice, les subventions d'investissement non encore reprises et les provisions réglementées, dont les amortissements dérogatoires.

462. Quelle est la différence entre valeur brute et valeur nette au bilan ?

La valeur brute est le coût d'entrée de l'actif. La colonne intermédiaire présente le cumul des amortissements et des dépréciations. La valeur nette, seule reportée dans les totaux et comparée à l'exercice précédent, est la différence entre les deux. Cette présentation en trois colonnes ne concerne que l'actif.

463. Que contient l'annexe des comptes annuels ?

Elle indique les règles et méthodes comptables retenues, les dérogations éventuelles, le tableau des immobilisations, amortissements et dépréciations, l'état des créances et des dettes par échéance, les engagements financiers dont le crédit-bail, l'effectif moyen, la composition du capital, et les événements postérieurs à la clôture ayant une incidence significative.

464. Quelles entreprises peuvent présenter des comptes simplifiés ?

Les petites entreprises, au sens des seuils fixés par le Code de commerce, peuvent adopter une présentation simplifiée du bilan et du compte de résultat ainsi qu'une annexe abrégée. Les micro-entreprises au sens comptable sont dispensées d'établir une annexe, sous réserve de mentionner certaines informations en pied de bilan.

465. Qu'est-ce que la marge commerciale ?

C'est le premier solde intermédiaire de gestion, réservé aux entreprises de négoce. Elle est égale aux ventes de marchandises hors taxes diminuées du coût d'achat des marchandises vendues, lui-même égal aux achats de marchandises augmentés ou diminués de la variation du stock de marchandises.

466. Comment se calcule la valeur ajoutée ?

La valeur ajoutée est égale à la marge commerciale augmentée de la production de l'exercice, diminuée des consommations en provenance de tiers, c'est-à-dire des achats de matières et approvisionnements corrigés de leur variation de stock et des autres charges externes des comptes 61 et 62.

467. Qu'est-ce que l'excédent brut d'exploitation ?

L'EBE est égal à la valeur ajoutée augmentée des subventions d'exploitation et diminuée des impôts, taxes et versements assimilés ainsi que des charges de personnel. Il mesure la performance de l'exploitation indépendamment de la politique d'amortissement, de financement et de la fiscalité. C'est un indicateur central de l'analyse financière.

468. Comment se calcule la capacité d'autofinancement à partir de l'EBE

On part de l'excédent brut d'exploitation, on ajoute les autres produits encaissables — transferts de charges, autres produits de gestion, produits financiers et exceptionnels encaissables — et on retranche les autres charges décaissables ainsi que la participation des salariés et l'impôt sur les bénéfices. On exclut les produits de cession d'actifs.

469. Qu'est-ce que l'autofinancement ?

L'autofinancement est égal à la capacité d'autofinancement diminuée des dividendes distribués au cours de l'exercice. Il représente la ressource interne effectivement conservée par l'entreprise pour financer ses investissements, renforcer son fonds de roulement ou rembourser ses emprunts.

470. Comment se calcule le taux d'endettement ?

Le taux d'endettement rapporte les dettes financières aux capitaux propres. Un ratio supérieur à un signifie que l'entreprise est plus endettée qu'elle n'est capitalisée, ce qui limite sa capacité à emprunter. Les banques examinent également le rapport entre les dettes financières et la capacité d'autofinancement, qui mesure le nombre d'années de remboursement.

471. Quels sont les principaux contrôles de fin d'exercice ?

On vérifie l'équilibre de la balance, la justification de chaque compte de bilan par un état probant, le solde des comptes d'attente et de virements internes, la cohérence pluriannuelle des comptes de gestion, la concordance entre chiffre d'affaires comptable et déclarations de TVA, et la correcte séparation des exercices.

472. Qu'est-ce que le dossier de révision ?

C'est l'ensemble des documents rassemblés à l'appui des travaux de contrôle : dossier permanent contenant les statuts, baux, contrats et tableaux d'emprunts, et dossier annuel contenant la balance, les états de justification de chaque compte, les feuilles de travail et les conclusions. Il assure la traçabilité et la qualité des travaux.

473. Qu'est-ce qu'un événement postérieur à la clôture ?

C'est un événement survenu entre la date de clôture et la date d'arrêté des comptes. S'il a un lien direct et prépondérant avec une situation existant à la clôture, il doit être comptabilisé. S'il est sans lien avec cette situation, il fait seulement l'objet d'une mention en annexe lorsqu'il est significatif.

474. Quels sont les délais de dépôt des comptes annuels ?

Les comptes doivent être approuvés par l'assemblée générale dans les six mois de la clôture, puis déposés au greffe du tribunal de commerce dans le mois suivant l'approbation, ou dans les deux mois en cas de dépôt par voie électronique. Le défaut de dépôt expose le dirigeant à une injonction sous astreinte.

475. Les comptes annuels sont-ils publics ?

Ils sont en principe consultables par tous auprès du greffe. Toutefois, les micro-entreprises peuvent demander la confidentialité de l'ensemble de leurs comptes, et les petites entreprises celle de leur compte de résultat. Cette option de confidentialité est déclarée lors du dépôt et ne vaut pas dispense de dépôt.

11. Réglementation du titre, déontologie et méthodologie

476. Quel arrêté régit actuellement le titre professionnel de comptable assistant ?

Le titre est régi par l'arrêté du 28 septembre 2022, publié au Journal officiel du 13 octobre 2022, qui a remplacé l'arrêté du 27 octobre 2017. Il fixe le référentiel d'emploi, d'activités et de compétences ainsi que le référentiel d'évaluation, et détermine les modalités de délivrance du titre par le ministère chargé de l'emploi.

477. Sous quel numéro le titre est-il enregistré au RNCP ?

Le titre professionnel de comptable assistant est enregistré au Répertoire national des certifications professionnelles sous le numéro RNCP37121. Il est classé au niveau 4 du cadre national des certifications, correspondant au baccalauréat, avec le code NSF 314t et le code ROME M1203 relatif à la comptabilité.

478. Quels sont les trois blocs de compétences du titre ?

Le bloc 1 porte sur l'assurance des opérations comptables au quotidien, le bloc 2 sur la préparation des opérations comptables périodiques, et le bloc 3 sur la participation aux opérations comptables de fin d'exercice. Chaque bloc peut être validé séparément sous forme de certificat de compétences professionnelles.

479. Quelles sont les modalités d'évaluation du titre complet ?

Le candidat passe une mise en situation professionnelle d'une durée de quatre heures, suivie d'un entretien technique de vingt minutes et d'un entretien final de vingt minutes, soit une durée totale de quatre heures et quarante minutes. L'ensemble est évalué par un jury de professionnels habilités.

480. Quelles sont les durées d'évaluation par certificat de compétences professionnelles ?

Le premier CCP est évalué par une mise en situation de deux heures suivie d'un entretien technique de quinze minutes. Les deuxième et troisième CCP sont évalués chacun par une mise en situation d'une heure trente suivie d'un entretien technique de quinze minutes.

481. Le candidat dispose-t-il d'une documentation pendant l'épreuve ?

Oui. Le référentiel prévoit que le candidat dispose d'une documentation professionnelle, sous forme papier, numérique ou accessible par Internet, ainsi que de la possibilité d'imprimer son travail. L'épreuve peut être proposée sous format papier ou numérique selon l'organisation du centre agréé.

482. Qu'est-ce que le dossier professionnel ?

Le dossier professionnel est un document renseigné par le candidat tout au long de son parcours, décrivant des exemples concrets de pratique professionnelle en lien avec chaque activité type du référentiel. Il est transmis au jury avec ses annexes et sert de support à l'entretien final.

483. Sur quoi porte l'entretien final ?

L'entretien final porte sur la représentation que le candidat se fait de l'emploi et des comportements professionnels attendus : rigueur, respect des délais et de la confidentialité, capacité à alerter, aptitude au travail en équipe, adaptation aux outils numériques et pratique d'une veille réglementaire régulière.

484. Quelles décisions le jury peut-il prendre ?

Le jury peut attribuer le titre professionnel dans son intégralité lorsque toutes les compétences sont maîtrisées, ou attribuer un ou plusieurs certificats de compétences professionnelles en cas de maîtrise partielle. Les CCP obtenus restent acquis et permettent au candidat de se présenter ultérieurement pour les blocs manquants.

485. Le comptable assistant peut-il exercer en indépendant ?

Non pour la tenue de comptabilité. L'article 20, alinéa 2, de l'ordonnance n° 45-2138 du 19 septembre 1945 réserve cette activité aux experts-comptables inscrits à l'ordre. Le comptable assistant exerce donc nécessairement sous statut salarié, en entreprise ou en cabinet d'expertise comptable, sous la supervision d'un responsable.

486. Quelles obligations de confidentialité pèsent sur le comptable assistant ?

Il est tenu à une discrétion absolue sur les informations dont il a connaissance : données financières de l'entreprise, informations sur les clients et fournisseurs, rémunérations et situations personnelles des salariés. Cette obligation découle du contrat de travail, du règlement intérieur et, pour les données personnelles, du règlement général sur la protection des données.

487. Qu'est-ce que le devoir d'alerte du comptable ?

Le comptable assistant qui constate une anomalie, une incohérence ou une opération suspecte doit en informer son supérieur hiérarchique par écrit. Il ne lui appartient pas de qualifier juridiquement les faits ni de prendre seul une décision, mais son silence pourrait engager sa responsabilité s'il a sciemment participé à une irrégularité.

488. Quelles sources consulter pour la veille réglementaire ?

Le site impots.gouv.fr pour la fiscalité et le BOFiP pour la doctrine, urssaf.fr pour les taux et plafonds sociaux, legifrance.gouv.fr pour les textes consolidés, anc.gouv.fr pour les règlements comptables, net-entreprises.fr pour la norme DSN, et service-public.fr pour les fiches pratiques destinées aux entreprises.

489. Comment organiser son temps pendant la mise en situation professionnelle ?

Il convient de lire l'intégralité du sujet, de repérer le nombre de dossiers et le barème, de répartir le temps proportionnellement aux points, de commencer par les dossiers les mieux maîtrisés, et de conserver une réserve d'une vingtaine de minutes pour la relecture, la vérification des équilibres et la mise en forme.

490. Quelles sont les erreurs les plus fréquemment sanctionnées à l'examen ?

Le calcul d'une dépréciation de créance sur le montant toutes taxes comprises, l'oubli du prorata temporis sur la première annuité d'amortissement, l'absence de complément d'amortissement lors d'une cession, l'inversion du sens des écritures de variation de stocks, l'oubli des contre-passations et l'absence de justification des calculs.

491. Pourquoi faut-il présenter les calculs sur la copie ?

Parce que le barème valorise le raisonnement autant que le résultat. Un calcul détaillé et correctement posé permet d'obtenir des points même si une erreur arithmétique affecte le résultat final. À l'inverse, un résultat exact non justifié peut ne pas être valorisé si le correcteur ne peut vérifier la démarche.

492. Quelle attitude adopter face à une consigne contraire à la réglementation ?

Le comptable assistant doit signaler par écrit à son responsable le caractère irrégulier de la consigne et en demander confirmation. Il ne peut se retrancher derrière un ordre reçu pour justifier une écriture manifestement fictive. En cas de persistance, il lui appartient d'alerter la hiérarchie supérieure ou, dans un cabinet, l'expert-comptable signataire.

493. Comment se préparer efficacement à l'épreuve du titre ?

En travaillant par blocs de compétences, en alternant révision des fiches et entraînement sur questions, en refaisant des cas pratiques complets en temps limité, en constituant une fiche personnelle des taux et seuils de l'année en cours, et en préparant à l'avance les exemples de pratique professionnelle du dossier professionnel.

494. Quelle documentation constituer avant l'épreuve ?

Un plan de comptes annoté, une fiche des taux de TVA et des règles d'exigibilité, un mémento des écritures types de paie, des tableaux d'amortissement vierges, une fiche des taux et plafonds sociaux de l'année, et une fiche méthodologique des travaux d'inventaire. Le tout doit être classé et indexé pour un accès rapide.

495. Qu'est-ce que la validation des acquis de l'expérience pour ce titre ?

La VAE permet d'obtenir le titre professionnel de comptable assistant en faisant reconnaître son expérience professionnelle, sans passer par la formation. Le candidat constitue un dossier détaillant ses activités, puis est évalué par un jury dans les mêmes conditions que les autres candidats, avec une mise en situation et des entretiens.

496. Quelles sont les suites de parcours possibles après ce titre ?

Le titulaire peut évoluer vers le titre professionnel de gestionnaire comptable et fiscal, de niveau 5, vers un BTS comptabilité et gestion, ou vers le diplôme de comptabilité et gestion. En entreprise, il peut accéder aux fonctions de comptable unique, de responsable comptable adjoint ou de gestionnaire de paie.

497. Quels sont les principaux emplois accessibles avec ce titre ?

Le titre donne accès aux emplois de comptable assistant, aide-comptable, assistant comptable, collaborateur comptable en cabinet, technicien comptable, assistant de gestion comptable et employé aux écritures. Ces emplois s'exercent en entreprise de toute taille, en cabinet d'expertise comptable ou en association.

498. Quelles qualités personnelles sont attendues d'un comptable assistant ?

La rigueur et le souci du détail, l'organisation et le respect des échéances déclaratives, la discrétion et le sens de la confidentialité, la capacité à travailler en équipe et à rendre compte, l'aisance avec les outils numériques, ainsi que la curiosité nécessaire à une veille réglementaire permanente.

499. Comment structurer un exemple de pratique professionnelle dans le dossier ?

On présente d'abord le contexte : entreprise, secteur, période, outils. On décrit ensuite la situation de travail précise, puis la démarche suivie étape par étape avec les contrôles effectués, et enfin le résultat obtenu, les difficultés rencontrées et les corrections apportées. La rédaction se fait à la première personne du singulier.

500. Quelle place occupe le tableur dans l'évaluation du titre ?

Le tableur est un outil de travail attendu tout au long des trois blocs : construction de tableaux de rapprochement, de balances âgées, de tableaux d'amortissement, de calculs de dépréciation et de tableaux de bord. La maîtrise des fonctions de recherche, des fonctions conditionnelles et des tableaux croisés dynamiques est donc indispensable.

501. Comment vérifier son travail avant de rendre une copie ?

On contrôle l'équilibre débit-crédit de chaque écriture, la vraisemblance des montants, la cohérence des comptes utilisés avec la nature des opérations, la présence des libellés et des dates, la reprise correcte des données des annexes, et l'absence de question laissée sans réponse, même partielle.

Les vingt réflexes qui font la différence le jour de l'épreuve

- Lire l'intégralité du sujet avant d'écrire la première ligne, et repérer le barème.
- Répartir le temps proportionnellement aux points, en gardant vingt minutes de relecture.
- Commencer par le dossier le mieux maîtrisé pour sécuriser des points rapidement.
- Toujours poser les calculs : le raisonnement est valorisé indépendamment du résultat.
- Vérifier l'équilibre débit-crédit de chaque écriture avant de passer à la suivante.
- Dater chaque écriture et indiquer un libellé explicite.
- Calculer les dépréciations de créances sur le montant hors taxes, jamais sur le TTC.
- Appliquer le prorata temporis en jours pour le linéaire, en mois entiers pour le dégressif.
- Faire partir l'amortissement de la date de mise en service et non de la date d'achat.
- Ne jamais oublier le complément d'amortissement lors d'une cession d'immobilisation.
- Constater les trois écritures de cession : prix de cession, complément d'amortissement, sortie de l'actif.
- Annuler intégralement le stock initial avant de constater le stock final.
- Reprendre en totalité la dépréciation des stocks de l'exercice précédent.
- Contre-passer les écritures de régularisation à l'ouverture de l'exercice suivant.
- Vérifier que le compte de caisse reste débiteur et que les comptes d'attente sont soldés.

- Ne pas déduire la TVA sur les véhicules de tourisme, le logement et le transport de personnes.
- Autoliquider systématiquement la TVA sur les acquisitions intracommunautaires et les importations.
- Reclasser les soldes clients créditeurs en 4191 et les soldes fournisseurs débiteurs en 4091.
- Utiliser la documentation autorisée pour vérifier un taux ou un numéro de compte plutôt que d'improviser.
- Ne laisser aucune question sans réponse : une méthode partielle rapporte davantage qu'une case vide.

Un dernier conseil : la veille de l'épreuve, ne découvrez rien de nouveau. Relisez vos fiches, votre tableau personnel des taux et seuils de l'année, et reposez-vous. La rigueur méthodologique compte autant que la connaissance technique.

Conclusion

Vous arrivez au terme de cet ouvrage composé de 500 questions-réponses conçues pour vous aider à réviser efficacement les connaissances et les compétences attendues pour l'obtention de votre titre professionnel.

Tout au long de votre préparation, vous avez pu vérifier vos acquis, identifier les notions à approfondir et vous familiariser avec les principales situations susceptibles d'être rencontrées lors de la formation, des évaluations ou dans l'exercice du métier. Cette méthode d'apprentissage par questions-réponses permet de réviser de manière active, progressive et structurée.

Pour consolider votre préparation, n'hésitez pas à reprendre les questions qui vous ont posé des difficultés, à compléter vos connaissances à l'aide de vos supports de formation et à vous entraîner régulièrement. L'objectif n'est pas seulement de mémoriser les réponses, mais de comprendre les notions abordées afin de pouvoir les mobiliser dans différentes situations professionnelles.

Gardez également à l'esprit que la réussite repose sur plusieurs éléments : une bonne maîtrise des compétences techniques, une posture professionnelle adaptée, une communication efficace, le respect des consignes et la capacité à analyser les situations rencontrées.

La régularité, la persévérance et la confiance en vos compétences seront vos meilleurs atouts pour réussir les épreuves et obtenir votre titre professionnel.

Nous vous souhaitons une excellente préparation et beaucoup de réussite dans votre parcours professionnel.